抗洪英雄王永良

中共银川市西夏区委政法委员会 ◎ 编

黄河出版传媒集团
阳光出版社

图书在版编目（CIP）数据

抗洪英雄王永良 / 中共银川市西夏区委政法委员会
编. -- 银川：阳光出版社，2019.12
ISBN 978-7-5525-5221-8

Ⅰ.①抗… Ⅱ.①中… Ⅲ.①王永良－传记 Ⅳ.
①K828.2

中国版本图书馆CIP数据核字(2020)第010586号

抗洪英雄王永良　中共银川市西夏区委政法委员会　编

责任编辑　杨　皎
封面设计　墨客千寻文化传媒
责任印制　岳建宁

黄河出版传媒集团
阳光出版社　出版发行

出 版 人　薛文斌
地　　址　宁夏银川市北京东路139号出版大厦（750001）
网　　址　http://www.ygchbs.com
网上书店　http://shop129132959.taobao.com
电子信箱　yangguangchubanshe@163.com
邮购电话　0951-5014139
经　　销　全国新华书店
印刷装订　宁夏银报智能印刷科技有限公司
印刷委托书号　（宁）0016141

开　　本　720mm×1000mm　1/16
印　　张　12.5
字　　数　200千字
版　　次　2019年12月第1版
印　　次　2020年4月第1次印刷
书　　号　ISBN 978-7-5525-5221-8
定　　价　39.80元

在这太平盛世，总有人用生命在守护着这个时代。

　　王永良，汉族。1968年10月11日出生，中共党员。1984年10月至1989年5月，在武警新疆总队服役，先后任战士、副班长、班长。退伍后他回到家乡，娶妻、生子、务农。2002年10月，从事公安辅警工作，生前系宁夏回族自治区银川市公安局西夏区分局镇北堡镇派出所辅警。

　　1996年，王永良举家自发移民至银川市西夏区镇北堡镇德林村，满怀着对美好生活的憧憬踏上了镇北堡这片广袤的热土。1999年11月，他被镇北堡镇政府聘用为治安联防队员。2002年11月，从镇北堡镇派出所成立伊始，他便开始在该所担任辅警一职。2018年7月22日，在贺兰山特大山洪中抢救被困群众时，壮烈牺牲，享年50岁。

王永良（中）和战友在乌鲁木齐

王永良（左一）和战友

王永良（中排右六）和战友的合照

王永良（后排右七）在部队

王永良（左）和战友的合照

王永良（左三）和同事的合照

王永良（左）和战友的合照

王永良（左）和朋友的合照

王永良在乌鲁木齐机场

王永良在广场一角

王永良的假日时光

王永良在延安黄帝陵

王永良在亭子前

王永良（后排右一）一家合影

王永良（后排）和家人

王永良（左二）和家人

王永良（左一）和家人一起逛街

王永良（后排左二）一家人在贸易大厦

王永良同志所获荣誉

2018年8月14日，被银川市西夏区人民政府评为"西夏区见义勇为先进个人"。

2018年8月30日，被宁夏回族自治区公安厅授予"7·22"抗洪个人一等功。

2018年8月31日，被中央文明办评为8月"中国好人榜——见义勇为好人"。

2018年9月26日，被宁夏回族自治区公安厅评为"宁夏60年公安工作突出贡献人物"。

2018年10月25日，被银川市人民政府追授银川市"见义勇为"模范称号。

2018年11月5日，被宁夏回族自治区民政厅评为烈士。

2018年12月3日，被宁夏日报报业集团评为宁夏2018年度"十大法治人物"。

2018年12月18日，被中央政法委综治信息中心评为改革开放40周年政法系统新闻影响力人物，并获评："他，是消逝在洪水中的'最美逆行者'"。

2019年2月1日，宁夏回族自治区、银川市、西夏区三级党委政法委，在银川市公安局西夏区分局召开追授王永良同志"见义勇为"荣誉称号表彰大会。会上，为王永良家属颁发了王永良"见义勇为"荣誉证书、"改革开放40周年政法系统新闻影响力人物"荣誉证书以及自治区、银川市党委政法委"见义勇为"基金会奖金。

2019年2月，被宁夏回族自治区文明办、宁夏日报报业集团、宁夏新闻工作者协会评为2018"身边的感动"正能量事件评选人物奖。

2019年6月25日，被第七届全国道德模范评选表彰活动组委会公示为第七届全国道德模范提名奖。

王永良同志生平履历

1968年10月，生。

1974年6月—1984年8月，在甘肃省静宁县三合乡光华村小学、三合中学学习。

1984年10月—1989年5月，在武警新疆总队二支队十一中队服役。

1989年5月，退役。

1989年6月—1996年10月，在甘肃省平凉市静宁县三合乡农经站粮站工作、务农。

1996年10月，举家迁到宁夏。

1999年10月，任宁夏银川市郊区分局芦花乡派出所联防队员。

2002年11月—2012年10月，任宁夏银川市西夏区公安分局镇北堡镇派出所辅警。

2012年10月至牺牲前，被宁夏银川市西夏区镇北堡镇政府公益性岗位合同派遣至西夏区公安分局镇北堡镇派出所担任辅警。

2018年7月，于贺兰山特大山洪中抢救群众时壮烈牺牲。

序

　　首先，十分感谢中共银川市西夏区委政法委为王永良同志的先进事迹做出的积极宣传，深切缅怀公安英烈的丰功伟绩，传承发扬公安英烈的奉献精神，让后人得以接受精神洗礼、得以学习并凝聚新时代奋进的强大力量！也十分感谢青年作家罗幸尽心尽力用文字记录王永良同志平凡而又伟大的一生，还原了一位当代英雄的生动形象，让我们得以走进他的生活，去认真感受他的平凡与伟大。

　　战争年代，成千上万的革命先烈用他们的血肉之躯换来祖国今天的繁荣昌盛。在如今这个和平年代，也同样涌现出了许多舍己为人的英雄，他们为了祖国和人民的利益，能够舍"小家"而顾"大家"，真正做到了舍己为人、奋不顾身。

　　作为一名公安人员，我也时刻谨记着这个岗位所赋予我的社会责任，始终不忘当初做出这个抉择时的那份初心与情怀。

　　说实在的，警察这个职业充满了风险与挑战，但这身衣服一旦穿上，就是一生的使命！

　　《抗洪英雄王永良》不仅仅是讲述王永良同志的个人事迹。通过这本书，一方面我们要共同缅怀为民牺牲的英雄们，另一方面我们要以小见大，深度挖掘中华民族的时代精神，为子子孙孙留下一笔宝贵的精神财富。

我时常对自己说："英雄永远在历史的每一笔图文里、在我们心中！"中华民族有5000多年悠久的历史，经过历史沉淀，涌现出了一大批英雄豪杰，无数的英雄为了祖国的安危，毅然和敌人作斗争，因为他们的付出和牺牲，我们的国家才得以富强！

祖国是我们的母亲，"公安"是祖国儿女的守卫。在中华人民共和国成立70周年之际，《抗洪英雄王永良》能够正式出版，对每一位宁夏人甚至中国人来说，都是意义非凡的。

作为公安，我们都是人民信任的"警察叔叔"，我们将"不忘初心、牢记使命"，用我们的一生，守护我们伟大的祖国母亲，守护祖国的儿女们！

今天，我们值得一起翻开《抗洪英雄王永良》，去感受一名普通辅警短暂的一生，感受生与死的伟大，感受这份独特的时代精神力量。

最后，让我们怀着一份共同的期许，祝福我们的祖国繁荣昌盛！

李亮

原中共西夏区委常委、公安局局长

前　言

　　《抗洪英雄王永良》历时一年半之久，终于将要面世。

　　中共银川市西夏区委政法委作为本书的发起单位，对本书有着非常高的期望，原政法委副书记李晓颖对本书的要求更是十分严格。

　　编者对这本书的每一字每一句也近乎苛刻，总是一遍又一遍地自我否定，字斟句酌。

　　在这过程中，我们都想用最贴切的方式，用最准确的文字传达出王永良同志在生活的困境与逆境中，表现出的"舍己为人精神"及"抗争精神"。

　　王永良同志只是众多平凡而又伟大的时代英雄中的一员。他们都是这个时代特殊的印记，他们都用生命在守护这个时代的安稳，他们都拥有崇高的精神。

　　王永良同志的一生，虽只有短短50年，但他身上体现出来的精神，却是属于这个时代、属于每一个人共同的记忆。

　　编者希望，以王永良同志的事迹为起点，深度挖掘属于这个时代的英雄们最独特的记忆，让更多的人走近我们身边这些"守护神"的人生，去触摸他们的灵魂，感受生与死的伟大。

在写作过程中，编者想尽量呈现出王永良同志最真实的一面，所以进行了很多走访。本书严格来说不是一本完完整整的传记，因为中间也掺杂了一些采访记录。

编者以最后那一幕作为开篇，就是希望一开始就向读者传递出王永良同志的精神力量，也让读者理解为什么我们宁愿花这么长时间，也要出版王永良同志的事迹。

通过一系列的走访，我们可以感受到王永良同志生前在他人眼里的印象，凭着一句"群众的事，没有小事"的口头禅，凭着"百事通""活地图"这些雅称就能感受到他尽职尽责地把平凡的岗位做到了极致以及他乐于奉献的精神力量。

编者四处搜集信息，探知王永良同志的过去，发现王永良同志最终会选择为了他人而作出牺牲，是他从小就有的使命情怀使然。

另外，在这里需要说明一下：由于收集讯息的渠道不一样，在收录具体事件的过程中，各方的叙述会存在一点偏差，敬请读者谅解。

希望广大读者通过本书可以充分了解王永良同志平凡又短暂的一生，感受生与死的伟大！

目　录

附　录

开 篇
抗洪救灾显本色

7月22日20时至7月23日6时，贺兰山中北段突降大暴雨，降水过程刷新了宁夏有气象观测记录以来的日降水量极值。暴雨引发贺兰山东麓沿线发生洪水，5000余名群众受到洪水威胁，多名游客受困，大片农作物受灾……其中，有一幅画面，却永远定格在银川人民心中，深深震撼了每一个人的心灵。

第一章　危机时刻 人民为先

在宁夏，有这么两位现世英雄，他们在一场特大的山洪中奋力抢救被困群众，用生命谱写了一曲时代华章。

宁夏地处中国西北，历来气候干燥，降水也较为稀少，虽素有"塞上江南"的美誉，但只有黄河沿线地带才能享有"塞上江南"独有的湿度和降水。除黄河沿线外，宁夏其他地方仍属干旱地区，很少出现极大暴雨的情况。

南方地区夏季往往多发暴雨水灾，但宁夏出现暴雨水灾的概率几乎为零。贺兰山山系沿线一带由于土质疏松，在降雨季节倒是会引发不同程度的山洪，但从来没有达到巨大灾害的程度。

2018年7月22日，贺兰山中北段突然下起大暴雨，刷新了宁夏有气象观测记录以来的日降水量极值。暴雨引发贺兰山东麓沿线发生洪水，5000多名群众的生命财产受到洪水威胁，更有大片农作物受灾害影响，情况十分危急……

晚上8点，对于整个银川市区来说只是下了一场小雨，也正是万家亮起灯火享受天伦之乐的时候，看起来十分平静，银川市西夏区镇北堡镇此时也显得安静而和谐。

可谁都没有预料到，贺兰山沿线此时正下着一场特大暴雨，山上也正发生着翻天覆地的变化。

银川市西夏区分局镇北堡镇派出所的两位值班民警也正看着雨。个子稍微高一些的是派出所教导员郑建卫，他有着西北汉子的豪爽，人到中年稍稍发福，虽算不上十分帅气，但神情间透着人民警察的那股坚毅，让他显得很阳刚。

稍矮一点的是王永良，刚50岁的他早已不知不觉秃了顶，由于平时奔波劳累，有些清瘦，但样貌端正，五官清秀，因长期劳动而皱巴巴的手显得尤为突出。

看着这雨，郑建卫突然说："永良啊，你看这雨，今天估计是不会停啰。"辅警王永良心里一沉，暗自担心起来。

就在这时，派出所值班室的电话响了起来，郑建卫立即拿起了听筒："喂，您好，镇北堡镇派出所！"

"喂，镇北堡镇派出所吗？这里是银川市公安局110指挥中心，接到群众报案，贺兰山一带发生了山洪，大批群众被困，请立即前去救援！"

"是！"

郑建卫挂了电话后，一边戴帽子一边喊王永良："永良，快，跟我去一趟，靠近贺兰山一带发生了山洪，接到报警，有群众被困，领导让我们立即赶往现场！"

"是！"王永良一边答应着，一边急忙穿戴。

"永良，我们走！"郑建卫率先跨了出去，王永良紧随其后。

警情就是命令！他们开着车立刻冲了出去，雨刮器拨至最快的档位也刮不尽挡风玻璃上的雨水，整个车伴随着一闪一闪的警灯，消失在漆黑的雨夜里。

郑建卫和王永良开着警车在暴雨中一路疾驰，只顾往报警现场赶去，全然忘了外面的雨水已经超乎寻常大，水已经快要没过警车的引擎盖。车窗外面浑浊的积水翻滚起来的浪花不断撞击着车身，小小的警车看起来有些摇摇晃晃的。

在开到距离滚苏路和镇苏路交叉口不到1公里时，有一处地势低洼、积水很深的地方，比他们所在的地方看起来更深，他们的警车似乎无法直接开过去。

就在这时，他们发现前方有几名被困群众，郑建卫就把车停在了路边，对副驾驶座上的王永良喊道："永良，你赶紧下车，先将被困群众转移到安全的地方，这水太深了，我联系一下分局指挥中心和带班领导，得让镇政府的挖掘机和救援部队尽快汇合，好来接应我们！"

王永良立即拉开了副驾驶的门，走下车时，洪水已经没过他的膝盖。这时，报警的人看到了亮着的警车灯，冲着王永良大声呼救："警察同志，我们在这里！"

"你快跑到那边高一点的地方去，这里危险！"

"对，你先站在那里别动，等我们的救援部队过来！"

"你别往那边去，山洪危险！"

"…………"

一系列的指挥后，王永良这边终于安顿好了受困群众。幸好没有人员伤亡，王永良暗暗松了一口气，转过身，却看见山洪裹挟着山上的大石头与自己擦身而过，十分惊险，看着已经没过膝盖的洪水，他倒吸了一口凉气。

联系好上级领导的郑建卫此时也走向了王永良。夜晚的雨水，凉得有些刺骨，不顾在水里泡得有些酸软的双腿，他们拿着救生圈，继续赶赴下一个搜救场地。

天色暗了下来，雨势也越来越大，山洪毫不留情地冲下山，容不得人有半点喘息时间。

王永良和郑建卫在安顿好一处救援地点的群众后，马上奔赴下一处救援地点。这时候时间就是生命，与时间赛跑就是与生命赛跑。

由于道路多处积水，水深已经漫过下半身，他们二人已经完全看不见前方的情势了，只好摸索着缓缓前进。

天色愈加昏暗，情况愈加紧急。手电筒照射下的山洪看起来十分湍急，像一条长龙从云霄里飞奔而下，气势凛人。

"永良啊，这次洪水来得太快。一旦山洪再涨起来群众就危险了啊！我们得加快步伐了。"郑建卫急切地说。

"教导员，群众的生命就是我的生命。无论如何我都要让群众脱离险境，我一定不会放弃的！"王永良坚定地说。

"好样的，我们快走吧！"

他们加快了步伐，蹚水摸黑走进一个山谷夹道中。

此时，郑建卫说："永良，我到前边探查，你顺着路往下看，有情况及时联系。"

"是，教导员！"王永良斩钉截铁地朝郑建卫敬了一个军礼。

"永良，万事小心！"郑建卫再三嘱咐。

"放心吧，教导员！"王永良笃定地说。

郑建卫已完全顾不上与王永良多说一句话，只得互相看了一下对方，点了点头，满心的担忧都化为一道坚毅的背影，一起向下一个地点奔赴而去。

磅礴的大雨夹杂着直径约两厘米的冰雹侵袭而下，整个路面瞬间被完全淹没，山洪像一道从天而降的瀑布，看不到尽头。

王永良和郑建卫排除完一处险情，走到一处夹道中，看到山沟上方洪水已经悄然而至，而有几名群众丝毫没有注意到他们逃跑的方向正是一处山沟，身后的山洪，正张牙舞爪地向他们扑来，情况十分危急。

王永良和郑建卫忙上前去，一边拉着几名妇女快速向侧面安全地带跑去，一边向同行的人大喊："快向旁边的山坡上跑！"

就在这惊心动魄的短短30秒，山洪几乎是擦着他们的身子向下冲去，十分惊险。

好在王永良及时出现，将他们带离了危险地带。被困群众都长舒了一口气，对着面前的警察深深地鞠了一躬，郑重地说了一声："谢谢！"

顾不上早已泡得酸软的双腿，也来不及听获救的人们说出的那声由衷的"谢谢"，王永良和郑建卫不断奔走在山洪肆虐的贺兰山下，从山洪的魔爪中抢救受困群众。

此时倾盆而下的雨水裹挟着泥沙，已经看不清路到底在哪里。他们只能凭借记忆，顺着道路一处一处排除险情。他们顺着道路也不知走了多久，再三确定远处没有被困人员后，他们长舒一口气，准备稍作休息。

正当他们想一屁股坐在地上休息的时候，转头就看到凶猛的洪水裹挟着浑浊的泥沙顺势而下，断断续续的呼救声在磅礴的雨声、奔流的洪水声的冲击下显得苍白而又微弱。被困人群的定位越来越困难，情况危急，容不得片刻迟疑。

在这危急时刻，尽管他们身上那身闪闪发光的警服，早已破烂不堪，但此时此刻，被他们救下的那些生命，都知道：他们是一名警察，一名可以为了群众的生命舍弃自己生命的好警察！他们身上的警服，也闪耀着无限动人的光辉！

在救起几名受困者后，郑建卫与王永良爬上了一个山丘，此时正下着瓢泼大雨，他们身上单薄的雨衣阻挡不了暴雨的进攻，里面的衣服早已经湿透了。他们拖着疲惫不堪的身体，一屁股坐在了地上。

"永良啊，你的体力还能支撑多久？"郑建卫转过身看着王永良，突然问道。

"教导员，我还能坚持，我们一定要尽最大的努力，将每一个被困群众都转移到安全的地方！"王永良坚定地说。

"好，我们走吧，这个时候，时间就是生命！"郑建卫同样坚定地看向王永良说。

也许他们早已将自己的生死置之度外，在安顿好被救人员后，他们几乎来不及休息，便继续搜寻其他被困人员。

第二章 生命定格 英魂永存

暴雨夹杂着冰雹一次又一次倾盆而下，郑建卫和王永良所乘坐的警车不断被大量的泥沙冲击着。看到这样的情景，郑建卫和王永良连忙回到车里，用手机将现场的情景拍成视频发到西夏分局工作群里，以便其他同事上山救援。

看到视频的王新明副局长立刻拨通郑建卫的电话："现场情况如何？你们自己有没有危险？"

一连串的焦急信息传来后，传来郑建卫断断续续的回复：

"王局，我……我们暂时安全。"郑建卫一顿一挫地说。

虽然已经派了警员上山增援，但是王新明副局长从郑建卫紧张的语气中意识到了事态的严重性，急忙亲自赶往现场增援。

猛浪不断地拍打着他们的警车，郑建卫与王永良通过车灯的晃动照射，注意到前方东侧四五十米处有一辆亮着车灯的皮卡车，但由于距离太远，皮卡车又关着门，他们无法确定车内是否有被困人员。

此时，山洪水位不断上升，猛浪已经冲到靠近车窗位置，皮卡车在洪水的推动下缓慢前移，而前方不远处就是洪水肆虐的山沟，万一车内有被困群众，后果将不堪设想，情况十分危急。

他们赶紧穿好救生衣跳入洪水中缓缓前行，准备到皮卡车内查探情况。但随着降雨量的不断增加，裹着泥沙的山洪水位越来越高，他们随时都有被山洪卷走的危险。

但情势已经不容许他们再考虑那么多了，皮卡车随时都有被冲下去的危险。他们咬紧牙关，互相搀扶着一步一步靠近皮卡车，这段距离几乎用光了他们所有的力气。终于走到了皮卡车的前面，郑建卫立即爬上车厢查看情况，王永良在车厢外配合着。

皮卡车摇摇欲坠，看起来十分危险。王永良顾不上自己已经体力不支，用尽全力支撑着皮卡车的车体，防止猛浪将它卷走。洪水已经漫过他的腰身，山洪里裹挟着沙石，王永良在洪水里站立都很困难。郑建卫查探完皮卡车内的情况，发现没有被困群众，而此时的洪水越来越大，形势越来越危险，他立即冲王永良喊道："永良，车里没有被困群众，你赶快离开！"

"教导员，小心，洪……洪水来了，我们得赶紧离开！"王永良忧心忡忡地看着郑建卫喊道。

此时洪水连接而至，一波接着一波，猛烈的水势不断冲击着他们摇摇欲坠的身躯。突然，一股猛烈的山洪瞬间倾盆而下，王永良和郑建卫还没有来得及出声，就连同皮卡车一起被泥石流裹挟而下，大量的泥沙和碎石不断地冲击着他们的身体，不断地摧毁着他们的求生欲望。

"永良！……"郑建卫在水里一上一下沉浮，他竭力呼喊。

"教导员……"王永良迅疾挥手，嘶声大喊，却再也说不出话来。

他们试图挣扎，想在浅滩处停稳，但是洪水巨大的冲击力一次次地将他们冲开。他们随着洪水、泥石翻滚了两个多小时，被冲10余公里后，山洪才逐渐平息下来，但是他们在冲进洪流时不幸被冲散了。筋疲力尽的郑建卫强撑着意志向着一处浅滩爬上去，身上已多处受伤，衣服也早已不成样子。而王永良早已经不见踪影，不知道被洪水冲到何处了。

知道郑建卫和王永良失联的消息后，银川市发动了全城搜寻令，各大媒体和人民群众也纷纷自发上山去寻找。

3个小时后，消防官兵找到了郑建卫，将他送到自治区人民医院西夏区分院救治。经医生初步诊断，郑建卫多处软组织挫伤，膝盖积液，肌腱断裂，腰部受损，好在没有生命危险。

然而王永良还没有找到，宁夏回族自治区各政府部门立即发动全城力量寻找王永良，各大媒体也立即发起"王永良，任务完成，请归队"的疾呼。

得知王永良牺牲的消息后，平时铁骨铮铮的郑建卫泣不成声。

"为什么走的不是我？……"郑建卫痛哭起来。

"我们几次挣扎都被洪水冲回，碎石和泥沙像刀子一样，最后我们连动手指的力气都没有了，我甚至想过放弃，但是想到永良还在努力，我就努力想活着。"说到此，郑建卫痛苦不已。

"当时水势湍急，猛烈的洪水不断往前扑。永良多次想把我拉住，但是又一次次地被洪水给冲散，我们被卷进洪流后也挣扎在浅水滩，试图停稳。可是水势太猛，我们未能站稳时，一股猛浪又倾袭而下。我们就在那时被洪水给冲散了，永良已经不知道被冲到哪里去了。"

"对不起，我没有把永良安全带回来，一起出警，我活着他却走了，为什么走的人不是我……"郑建卫又一次失声痛哭。

他们铁骨铮铮，为了抢救群众，在生死一线，早就将自己的生命置之度外，只为了与死神争分夺秒，抢夺群众的生命！

这让我不由得想起臧克家先生为了纪念鲁迅先生而写的一首名为《有的人》的小诗：

> 有的人活着，
> 他已经死了；
> 有的人死了，
> 他还活着。
> 有的人
> 骑在人民头上："呵，我多伟大！"
> 有的人
> 俯下身子给人民当牛马。

有的人

把名字刻入石头，想"不朽"；

有的人

情愿作野草，等着地下的火烧。

有的人

他活着别人就不能活；

有的人

他活着为了多数人更好地活。

骑在人民头上的

人民把他摔垮；

给人民作牛马的

人民永远记住他！

把名字刻入石头的

名字比尸首烂得更早；

只要春风吹到的地方

到处是青青的野草。

他活着别人就不能活的人，

他的下场可以看到；

他活着为了多数人更好地活着的人，

群众把他抬举得很高，很高。①

① 教育部组织编写.义务教育教科书 语文 六年级 上册.人民教育出版社,2019.121

这就是他们的真实写照啊：俯下身子给群众做了牛马，把生的希望带给了更多人，自己却情愿化作野草，就此沉入大地的怀抱！

我们从小就读过："横眉冷对千夫指，俯首甘为孺子牛。"这句话出自鲁迅先生的《自嘲》，全文如下：

运交华盖欲何求，未敢翻身已碰头。

破帽遮颜过闹市，漏船载酒泛中流。

横眉冷对千夫指，俯首甘为孺子牛。

躲进小楼成一统，管他冬夏与春秋。[①]

"俯首甘为孺子牛"是形容鲁迅先生自己甘愿为了人民俯下身子做牛做马。这短短的诗句，也成为很多人崇尚的一种精神力量！

《人民日报》"人民论坛"中提道：邓稼先为了国家核弹事业，离妻别子，隐姓埋名20多年；黄旭华为了研制出核潜艇核心技术，攻坚克难，"人间蒸发"30年；南仁东为了打造世界最大单口径射电望远镜，埋首攻关，专注于此20余载……"[②]

这些伟人，为什么能够做出如此牺牲？不正是因为有"俯首甘为孺子牛"的精神吗？

"奉献乃生活的真正意义。"当今在各行各业，我们听到最多的一个词就是"利他"，只有真正做到"利他"，为他人撑起一把伞，才能升华生命本身的价值。

---

① 《鲁迅散文诗歌全集》. 北京燕山出版社, 2009, 179.

② 《人民日报》. 2018, 第四版

有位著名的作家曾经告诉我：人与人之间是有一种"能量场"的，而这种"能量场"，就是我们的精神力量。一个人的精神力量以及为他人付出的有多少，他的生命价值就有多少。

中国历来就是一个崇尚精神文明的国家，流传了许许多多舍己为人、大公无私、敢于拼搏的感人故事。这些故事铸就了中华民族伟大的民族精神。

处在这个新时代，我们用汗水取得了不凡的成绩，我们也渴望造就新的荣光。这个时代需要更多像邓稼先、黄旭华、南仁东这样的英雄，也需要像王永良这样平凡而伟大的"平民英雄"，以甘当"孺子牛"的奉献精神不断奋斗，书写新时代华章。

第三章　生命与使命的抉择

《左传·昭公十六年》中有一句话是这样定义"使命"一词的："会朝之不敬，使命之不听，取陵于大国，罢民而无功，罪及而弗知，侨之耻也。"

这句话对"使命"的定义是："出使的人所领受应完成的任务；应尽的责任；奉命办事的人。"

但在新时代下，我们对"使命"的定义似乎更深了一层。

使命是一种初心，是一种原始的精神力量，是精神力量驱使下应尽的责任。

与这种精神力量相对应的，是"坚定的理想信念"，"正确的政治方向"，"正确的人生观、价值观和世界观"，以及"文化自信"。

无论在何地何时，任何情况下，历代英雄都把人民的根本利益放在首要位置，把人生志向转化为奋斗的动力，充分发扬"不怕苦、肯吃苦"的良好作风。

我们都要"不忘初心、牢记使命",我们都要做凝聚人心、勇于担当、激发动力的有志之士,为全面建成小康社会、全面建设社会主义现代化国家添上浓墨重彩的一笔。

诚然,有的人一出生,就不得不为活下去而拼尽全力;有的人一出生,就不愁吃不愁穿,去找寻生命的价值;有的人一出生,仿佛就怀着一种内在的使命而来,用尽一生去守护他人的生命。

使命,是拥有生命的人共同的精神食粮,更是找寻生命价值的内在动力!

"我将无我,不负人民!"这句话成了新时代中国共产党人共同的使命。

"为什么走的不是我?"郑建卫一次又一次重复着这句话,他拒绝面对所有媒体,至今都无法接受王永良已经牺牲的事实。

在被洪水裹挟着沉浮的时候,他们向对方挥着手,给对方打气,鼓励对方一起活下去。

救援人员在浅滩上发现郑建卫时,他的鞋子早已被冲得不知去向,上衣和裤子也被洪水撕烂,双腿膝盖、后腰、胳膊和腿等多处受伤的郑建卫是被消防官兵抬到救护车上的,救援人员立即将他送往医院进行了抢救。

醒过来的时候,他的第一反应不是自己伤痕累累的身躯上那深入骨髓的伤痛,而是抓住医生的手问:"永良呢?他有没有事?"医生向他摇了摇头说:"还没找到。"郑建卫这个平时铁骨铮铮的汉子,竟然当着众人的面,大哭了起来。

"我们说好都要活下去的啊!永良,你一定要平安归来!"郑建卫在心里默默地为王永良祈祷。

持续三天的搜救，郑建卫每天都燃起一份希望看着来来往往的救援人员，只要一有人进来，他就抓住他们的手问："永良呢？找到了吗？"救援人员都只是摇摇头，告诉他"还是没有消息"，这仿佛一盆冷水从郑建卫头上泼下，让他从头凉到脚，从身凉到心。

第四天，一群搜救人员走到了郑建卫的病房，告诉他："王永良同志不幸牺牲，遗体已被找到！"

郑建卫当场怔住了，他仿佛没有听见他们在说什么，呆呆地坐在病床上，一动不动。

大约过了一分钟，郑建卫突然撕心裂肺地放声大哭，全然不顾病房里满满的人，病房里一片哀恸。

"不！不！永良不可能就这样走了！"

"不可能，你们是不是还没有找到他？"

"你们一定在骗我！永良是不是还没有找到？是不是？"

郑建卫的情绪已经处于崩溃与失控的状态，在场的每一个人也都压制不住自己的情绪，纷纷陷入了这巨大的悲伤中，很久很久，大家都没能平复心情。

"当时被卷入洪流里的时候，我不止一次想放弃，但一想到永良还在坚持，我就一直坚持着爬上了那处浅滩，想活下去！"

在最后一刻，他们都来不及问对方是否后悔踏上那条路，是否后悔不断走向滚滚的洪流挑战生命的极限，甚至是否后悔成为一名人民警察。只有在洪流激荡中那互相挥别的双手，成了郑建卫记忆里最坚定的使命信号。

在生命与使命的最后关头，他们本有机会可以进行抉择，即使他们未能挽救被困群众的生命，在那个生死关头，也没有人知道，没有人能够去指责他们，但他们都坚定地选择了一次次踏入洪流，拯救他人的生命。

在洪流的沉浮中，他们没有更多时间去问，没有更多时间去想是否后悔走到今天，但在那沉浮中，他们仿佛在用微弱的挥动的双手向对方诉说："今生，我从未后悔！"

我们常说，故事，发生在别人身上叫故事，发生在自己身上叫事故！

我曾见过很多形形色色的人，也听过很多形形色色的故事，那些人，仅从外表很难看出一个人会有如此大的精神力量。

那个接住坠楼小孩子的最美女教师；那个用尽最后一丝力气将车安

稳地停在路边的大巴车司机；四川凉山那30个平凡的消防战士……不到最后一刻，没有人在人群中是突出的。

作为青年创业者，我们也在生活的泥沼里，为了前方的光明拼搏奋斗，淹没在人群里，挥洒我们的汗水和青春，追寻我们的使命。

我有一位好友，是一名临床医生，就在前段时间，我们下班后约了去夜市一起吃饭。

坐在夜市的烧烤摊前，我们一边吃着烤串、喝着啤酒，聊起我要写这本书的事情，她说："我们做医生的也是啊，每天都会面临着各种各样的质疑、别离，我也做好了某一天自己会死在岗位上的准备，但在我看来，做这行也很有意思，这样的人生，很有挑战性，也可以看清很多的人情冷暖。每次做一场手术，都有不一样的收获，在有的天灾人祸面前，人们实在太脆弱了，我愿意为他们付出一切，我这辈子做过最酷的一件事就是选择了这个职业，很值得！"

每个平凡的岗位上，每天都在上演着重逢与别离，上演着迭代更替，都有着人们不同的喜怒哀乐与生命价值。

医生的价值是救死扶伤、老师的价值是传道授业、警察的价值是守护人民的幸福平安……

医生也好、老师也好、警察也好，他们都在践行着自己的使命，这是他们的选择，也是他们终身的使命。

尽管这些道路注定充满了艰难与困苦，但幸运的是，更多人仍旧站在了人民大义最顶端，他们选择做一名医生、一名教师、一位警察……千千万万个选择，也有千千万万个必然选择的理由，尽管前方困难重重，布满荆棘，但他们仍然前仆后继，没有人后悔，也没有人退缩。

我一直相信：每个人生来都是带着使命的，只是需要一个特定的环境和时机去激发出潜藏在每个人内心的那份使命。

人的生命只有一次，它是如此宝贵，选择生命是人之本性，我们无法去指责一个选择自己生命的人。

选择使命却是有修养的体现，是使命在滋养灵魂，让人在生死关头，能够压下自己的本性，选择践行自己一生最伟大的使命。

一个人能够战胜自己的本性，他的精神力量一定是十分强大的：炸碉堡的董存瑞、堵枪口的黄继光、掩护战友的邱少云……在生死的一刹那，他们选择用自己的生命，去守护更多人的生命！

"人固有一死，或重于泰山，或轻于鸿毛。"每个人都会面临死亡，有的人，为了自己可以放弃他人的生命，剥削人民；而有的人，为了人民可以放弃自己的生命！

每个人的生命只有一次，活得平庸还是卓越，都只是一个选择。在人生道路上，我们都拥有一样的选择机会，问题在于我们最终如何抉择。

这世间，平庸的人很多，他们一生碌碌无为，为了生存而存在，没有高远的目标，没有伟大的理想，只追求一日三餐的温饱，每一天都像是单曲循环，过着一样的琐碎日子。

懂得生活的人在珍惜生命的同时，不仅仅满足一日三餐的温饱，也注重内在修养和生活质量的提高，把生命活出了一定的广度和深度，活出了一定的价值。

而卓越的人比前两者多了一个特性——使命！什么是使命？使命是对国家、对社会、对人民的一种非常具有广度和深度的责任感。卓越的人，往往会把自己的生命同国家、民族甚至整个人类的命运紧紧联系起来，一言一行，都能够做到"大我"和"小我"的区分，心中有理想，肩上有担当，这就是神圣的使命。

王永良从小就是一个愿意为了人民放弃自我的人。在公社期间，他能够将那份平凡的劳动，与人民的温饱健康联系在一起；在部队服役期间，他深深爱着这个国家，警服情结扎根心底。后来壮烈牺牲，他没有一刻忘记自己是一个军人，是一个守护人民安居乐业的战士！

千言万语，都写不尽他们身上所展现出来的"大我"的使命感，仅能够从生活的细节，去领悟他们如此不平凡的人生。

王永良与郑建卫同志在洪流中逆流而上的身影，在别人的生命与自己的生命中穿梭，是自我生命与使命的一场博弈。最终，他们都选择了使命，选择了"无我"，找到了自己生命真正的价值。

第一篇
人生路漫漫，造就不凡

　　无论是在当兵时的军旅生活中，还是在从联防队员到辅警的职业生涯中，王永良都不知不觉成了我们心目中的那个英雄。这也注定他会为了人民的生命财产而最终做出那个不凡的选择……

第一章　公社放羊立大志

1968年10月，在甘肃省平凉市静宁县一个普通家庭里，王永良出生了。

王永良出生时，他的父母既喜悦又有些惆怅。喜悦的是：家里又添了一个新生命，多了一份爱和希望；惆怅的是：家里现在这个条件，怕是很难给孩子好的生活，能够抚养他们平安长大已经很不容易了。

尽管如此，王永良的父母还是喜大于忧，他的父亲将美好的期望赋予了王永良，希望他永远做一个善良的人，能够帮助更多人脱离这忍饥挨饿的苦日子，所以给他取名王永良。

王永良的父亲叫王显勤，是静宁县光华村生产队队长。母亲叫漆秀花，是对王永良影响最深的人。王永良的父母虽然是旧式"父母之命、媒妁之言"的婚姻组合，但父母一辈子相敬如宾，家庭幸福。漆秀花几乎继承了中华民族妇女的所有优良传统：贤惠、善良、仗义、温柔……

他们在一起从不争吵，王显勤对妻子也十分尊重、爱护。尽管那时候很穷，但他们把小日子过得有滋有味，令人羡慕。

那时候尽管家里很穷，有时甚至连饭都吃不饱，但王永良和他的哥哥姐姐都很懂事，从小就会想办法为家里减轻负担，生活上也很节约，从来不向父母提一些无理的要求。他们兄妹懂得感恩父母，所以童年倒也很快乐。

随着他们兄妹渐渐长大，王永良上完小学时，家里已经陷入贫穷的困境。父母挣的工分换来的粮食，常常不够吃，兄弟姊妹瘦得只剩皮包骨头了。小小的王永良像是突然长大了一样，毅然决定放弃自己的学业，与哥哥姐姐一起去公社放羊挣工分，帮助父母养家，减轻家里的负担。

他告诉母亲自己要放弃学业去帮助母亲养家的那晚，母亲抱着他哭了很久，却也无可奈何，只得让他辍学进公社放羊。

那时候的公社，由于是集体劳动，有些大人都想尽各种办法偷懒，能少干活就绝不会多干一点。王永良却很认真，他放的羊是整个公社里最肥的。当时跟他一个组的人经常偷懒，还总是调侃王永良："都是挣工分的，监工不在的话可以休息一会儿，那么拼命干嘛，工分还是一样的嘛，又不会给你加工分。"

王永良总是会露出天真的笑容回答道："不管工分多少，至少现在，它们就是我养家糊口的伙伴，我就得认真养好它们，将来它们才能养活更多人。"

除了自己手里该放的羊，他还时常主动帮助偷懒的人一起放羊。后来偷懒的伙伴在他的影响下，慢慢也变得勤快了。

无论什么时代，我们都知道：每个人都是国家的一分子，很多个人的行为往往间接影响着整个国家的发展。

一个人在生活中的影响力，往往就是在这些生活的小细节中体现出来的。比起单纯的说教，以自身为榜样去带动别人，仿佛更有说服力和感染力。

在公社的时候，王永良的眼光和格局就远远超出了很多同龄人。他不着眼于那一点点固定的工分，将个人的努力与群众的切身利益放在一起，这与雷锋同志的"螺丝钉"精神如出一辙。在这十几年间，他认真地对待着身边的每一件小事，时刻关心着群众大事，是个平凡而又不寻常的放羊娃。

在公社期间，他将这份情怀融入生活，一直影响和帮助着更多的人。这份情怀也贯穿着他整个短短的一生，成为他终身践行的强大信念和使命！

第二章　军装情结扎根心底

　　1984年是中华人民共和国成立35周年，改革开放的政策使中国大地迸发出了勃勃生机：家庭联产承包责任制开始兴起，家家户户呈现出了一种朝气蓬勃的气象。王永良家也是一样，拥有了自己的土地，一家人干活种地更有动力了。五个小孩也个个都长成了年轻的少男少女，充满了朝气。

　　那时的王永良，刚刚成长为一个16岁的青少年，两道剑眉英气俊朗。那时候家里尽管还没彻底有摆脱贫穷，但是充满了走向美好生活的希望。

　　那时候，村里人人都说"今年会举行35周年阅兵式"，这是中华人民共和国成立后，间隔了多年，再次举行的阅兵式，举国欢庆。王永良听着长辈们描述从报纸上了解到的信息。村头的高音喇叭里，也总会向村民们播报一些信息。

那时候了解国家大事不像今天这样便捷，要了解这些讯息，只有通过报纸、高音喇叭以及人们口口相传。尽管信息闭塞，但和现在一样的是：每个人都充满了对党和国家的崇拜以及一份特殊的爱国情怀。王永良也不例外。

1984年的夏天，国家征兵处到王永良的家乡做征兵宣传。年轻的小伙子们都十分踊跃地报名。

王永良中午干完活，和好友文金庄一起扛着锄头往家里走。路上，看到征兵宣传处，两个年轻人十分好奇，立即放下锄头过去围观。只见一张铺着红布的桌子上，一个戴着眼镜的军人坐在正中间给应征人进行登记，两边笔直地站着两名军人，英姿飒爽。桌子前年轻的小伙子们排着长长的队伍，看得王永良心里直痒痒。

他窜到最前面，拉着一个军人问道："我能参军吗？"对方一看他还未成年，直接回绝道："你好，征兵的首要条件就是年满18周岁。"他软磨硬泡了好一会儿还是不行，只好失望地回家了。

王永良对军人这种"一眼万年"的执着，让他久久不能平静。

这天晚上，坐在饭桌上的王永良，决心一定要应征入伍，有可能这就是他"军装情结"的萌芽。总之，王永良觉得自己一定会是个优秀的军人，他甚至开始想象自己穿上绿军装后英姿飒爽的样子。

吃完饭，母亲漆秀花收拾好了碗筷，拿出针线给他们兄妹缝补衣服。王永良"蹭"一下跑到母亲漆秀花跟前，主动帮她解起了线团。漆秀花也看出王永良必定是有事要跟自己说，也没主动询问，在旁边看着王永良笑。

王永良绾了一会儿线团，终于憋不住了，只得向母亲说出自己内心的渴望。他说："娘，我想去参军。"母亲漆秀花尽管不舍得自己的幺儿就这样出去受苦，但还是表示支持，她深知"好男儿志在四方"，孩子长大了，就应该放手让他去成长。她放下手中的针线，正襟危坐，郑重地拉着幺儿的手说："永良，你已经长成一名男子汉，娘没别的本事，没能给你好的生活条件，但娘一定会支持你的决定，你想做什么，就去做吧！"

得到母亲支持后的王永良，第二天一大早就跑到了征兵宣传处，排到了第一个。昨天的军官看到又是他，显得有些惊讶又无奈。惊讶的是这个小娃娃竟然如此执着，无奈的是他知道这个小娃娃没办法入伍，因为年龄不够。

负责登记的军官看到第一个排队的小娃娃，也是一惊，随即劝道："小王，你看啊，咱们征兵条例上写着呢，要年满18周岁才能应征入伍，你还没到年龄呢，咱们国家政策现在越来越好了，你再等两年照样也可以应征入伍。"

王永良立即说道："军官大哥，我是真的想加入咱们军人的队伍啊，从看到你们以后，我连饭都不想吃了，我要是没能加入，估计这两年都吃不好饭了！"

最后，在王永良的软磨硬泡之下，领导决定特批王永良应征入伍。

临行前的那晚，王永良告别了父母、哥哥姐姐，独自背着行囊走进了军营。

作为年龄最小的新兵，王永良的衣服穿在身上显得有些松垮，但在训练的时候，他总是站得最笔直的那个，也是训练最认真的那个。他总是用一个军人的标准严格要求自己，不抱怨、不放弃。

每次训练结束回到宿舍，王永良都会认真把军装洗干净，然后整齐地折叠在床边。同宿舍的新兵们一般回来都会直接瘫在床上，王永良还经常把室友的衣服拿去洗了叠好。

　　每次看到这身绿军装，王永良都会不由生出一种自豪感。他知道这对于自己来说，是一种特殊的荣誉，更是学习成长的绝佳机会。他发自内心地热爱这身军装，穿上它会让王永良心里有一种无上的荣光。王永良在军营的时候，积极学习党的精神，也读有关抗日战争的历史，深深为中国人民解放军感到自豪和骄傲，"军装情节"也从此扎根心底，成了他一生的追求！

　　王永良在新疆武警二支队十一中队服役5年，这影响了王永良的一生。进入部队后，他首先光荣地加入了中国共产党，并通过了各项军事技能训练，具备了过硬的军事素质。王永良先后从一名普通战士到副班长、班长。他曾两次立功，四次受嘉奖，获得过"特等射手""擒敌能手""执勤能手""擒敌技术能手""投弹能手"等多项荣誉称号。

　　最让家乡父老兄弟刮目相看的是，只念过小学的王永良，在部队里不但学了一身硬本事，还练就了一手漂亮的钢笔字，学会了吹笛子、拉二胡、弹吉他，唱戏、唱歌也样样在行。可惜的是，部队领导着意栽培的这么一个优秀军人，却因为文化程度不高，在部队三次报考军校均以失败告终，无奈之下，部队不得不忍痛放手，让他复员。

　　王永良曾对身边的朋友们说："我这辈子最大的遗憾是书念得太少，是部队让我学到了很多在家乡学不到的东西，所以，即使复员了，不管将来干什么我都要干好，不能给党和部队丢脸！"

第三章　是金子在哪里都发光

1989年，王永良当兵的第六个春节，他复员回到家中。回到甘肃老家的王永良，虽十分不舍自己的那一身军装，可是无可奈何，只得接受这样一个现实。

离开军营的王永良十分热爱土地，于是，怀着十分复杂的心情，他毅然放弃复员军人的安置待遇，决定帮助家里务农。当时一起复员的很多军人，都选择了较为优越的工作，只有王永良一个人留下来种地，因为他对家乡和土地有一种深深的依恋。

1990年，王永良一边在甘肃省平凉市静宁县三合乡农经站粮站工作，一边扎根土地在家务农，日子就这样平淡而充实地过着。其间，他仍不忘帮助村里人，年轻的他在村里十分受人尊重。

作为村上的一名复员军人，有过服役经历的王永良在村里显得有些出类拔萃，十里八村"人尽皆知"。他复员返乡后，文锦祥老支书对他的一举一动很关注。对这位留在村里务农的复员军人，他至今记忆犹新："永良上村小学那会儿就尊敬老师，爱帮助同学。复员后比小时候更有男子汉气魄了，不管啥事，总爱抢着干，而且心里时刻装着大家，热爱集体，特别是能团结群众，还有威信。在村上尊老爱幼，还格外地关心弱势家庭。"

文老支书又说："干公事的人，讲究个公道正派，手中的斧头可不能乱抢，如果砸偏的话，老百姓根本就不会听你的。"那时候，在他心里这个优秀的年轻人就是最佳接班人。

据乡邻说，王永良还有一个小名，叫"揽子"。在乡亲们和家人眼里，他就像自己的小名那样，生来爱"多管闲事"，喜欢"大包大揽"别人家的事。

"说不好听点，老三从小就是缺心眼儿、太老实，比如说别人跟他借钱，即使自己手上没钱，他也会热心地帮人家东奔西跑地到处去借。"王永良的大哥王君有些无奈地回忆弟弟小时候的点点滴滴。

尽管在家人看来，王永良"太老实"，但他一直都将人民的利益看得比什么都重要，始终奉行着一名党员"一切为了人民"的信念。

粮站的工作就是负责管理土地承包和农民专业合作财务等一系列事务的。那时候家庭联产承包责任制刚兴起不久，许多政策内容需要不断完善，也十分需要基层工作人员不断提供相关基层信息。王永良用自己的实践，真正诠释了民间的一句俗语："干一行，爱一行。"他在岗时，总是兢兢业业地完成上面分配的各项工作，也发自内心地想为父老乡亲做些事。

那些年，甘肃作为大西北地区，十分受关注，王永良总是会把最真实、最准确的政策内容传达给每一位乡亲，也不断将基层最真实、最准确的数据信息上报给上级。

他在粮站工作期间，每天最爱做的一件事情就是"串门"。他一有时间就会去乡亲们的家里询问情况。遇到谁家有困难，他会毫不犹豫地伸出援手。

都说穷人的孩子早当家，王永良小时候家境十分贫寒，兄弟姊妹五人，他只念了小学，家里实在无力再送他念书了。

正因为这样，王永良才毅然选择了扎根土地，也深知人民群众的疾苦。

王永良的心里，深切地爱着这片养育了他的土地、爱着这可爱的人民，这让我不禁想起了著名诗人艾青的那首《我爱这土地》：

假如我是一只鸟，
我也应该用嘶哑的喉咙歌唱：
这被暴风雨所打击着的土地，
这永远汹涌着我们的悲愤的河流，
这无止息地吹刮着的激怒的风，
和那来自林间的无比温柔的黎明……
——然后我死了，
连羽毛也腐烂在土地里面。
为什么我的眼里常含泪水？
因为我对这土地爱得深沉……

王永良对这土地、对人民爱得那样热烈，像一团熊熊燃烧的烈火，生生不息。

从小到大，总听到一句话："是金子，在哪里都会发光。"王永良就是这片土地上走到哪里都闪闪发光的金子。

第四章　许身为公,不负人民也不负家庭

"他是个好人！我们结婚这么多年，从来没有吵过架，他对我很好。那个时候家里没钱，他每个月才400块钱工资，我在家做农活，又有老大老二要养，我还总是劝他出去找个其他工作，他就是不肯，说他只喜欢这个工作。"王永良的妻子王小梅说。

"他时常会给我买新衣服，但是自己的衣服穿破了都舍不得买新的。"说到这里，王小梅忍不住开始抽泣。

"那时候村里家家户户盖新房子，别人家他都跑过去帮忙，全村房子盖完了，而我们自己家却连房子也盖不起，我们是这村里最后一家盖新房子的。"王小梅有些心疼地说道。

"但他好多年都没给自己买过一双新鞋了，去年儿子结婚，给他买了一双皮鞋，他放在单位里，一直舍不得穿，没想到……你说他咋就这么走了？"

"我们从来没有分开过，后来有了小孙子，我刚去银川照顾孙子两个月，我们才分开两个月，他最后连个电话都没有打给我，就是怕我担心……"

说到这里，王小梅已经抑制不住自己的眼泪，靠在我的怀里，不顾形象地大哭起来。我也只能抱着她，跟着她流泪。此时此刻，我也控制不住自己的情绪，无法动笔记录。当时随行的摄影师是个大男孩，他忍不住跑向了门外，估计是不愿在我们面前哭出来，最终他也没有用镜头留下这一幕。我们在场的每一位人，都激动地大哭起来。

采访到最后，我仍然不知道他们是怎么度过那些艰难岁月的，也不忍再细细询问。但我知道，他们的生活，从来没有因为贫穷而减少浪漫。仅从王小梅这只言片语，就能看到这个半百的男人，身上应该有的担当和责任！他不但宠爱妻子和孩子，还把所有的苦难和不易都扛在了自己的肩膀上，为妻子、孩子撑起了一片幸福的天！真是顶天立地的好男儿！

王平安告诉我，他的父亲与母亲是1992年自由恋爱结的婚。这在那个年代十分不易。我问王平安要了他母亲年轻时的照片，她长得十分清秀，是标准的西北美女。王永良年轻时也英俊潇洒，再加上他勤劳、憨厚的性格，深深地吸引了王小梅，他们是村里为数不多的自由恋爱结婚的年轻人。

恋爱后，两人的感情十分要好，双方父母也都很看好他们，那个时候王永良家里很穷，她还是毅然选择了嫁给他。

"父亲和郑叔叔出事的当天，我们都在山上找，后来不让家属靠近，怕我们情绪失控，我就回来了。找到郑叔叔时，他们打电话给我说找到了，我以为是我爸找到了，所以给我妈打了个电话，让我妈先睡了。第二天下午，父亲牺牲的噩耗传来，我们开着车去银川的家里时，我妈还以为我们是来接她去医院看我爸的，我都不敢告诉我妈这个事情……后来还是随行的民警告诉我妈这个噩耗的。"

"得知我爸去世以后，我妈就一直哭，直到现在还是不能接受这个事实。"王永良的大儿子王平安看起来沧桑了许多，他还是强装镇静地向我们叙述了这件事。他说现在他不想哭，这个家，他是长子，也是母亲、弟弟、爱人、儿子的希望，他必须得料理好父亲的后事，接下父亲照顾家人的担子！

家庭教育对一个人的影响十分重要。王永良的小儿子王银安我们没有见到，据说正在念高三。长子王平安生于1995年，年龄不大，但身上那股子担当和责任感，让我们在场的90后都深深地佩服。

"我爸妈感情一直很好，他们从来不吵架，我妈有时候唠叨几句，我爸总会笑嘻嘻地逗我妈，我妈也就不生气了。"王平安说起这里感到很幸福，也很怀念。

我看到了他们朴实的爱情，他们从不存在"七年之痒"，也从来不曾后悔这段婚姻。这样完美的爱情，是我们多少人求也求不来的。

"他是个好人！"这是王永良的妻子反复说着的一句话，我们都知道，在她心里最贴切的一句话是："他是个好丈夫！"

走访的时候是王平安带着我们了解王永良的生平。走到门口，王平安反而还安慰起了我们："我妈还是接受不了，你们不要见怪啊！"

我问他："一般小时候，父亲这么忙，没有时间照顾家里的时候，我们都不能理解，你那个时候在心里埋怨过父亲吗？"

"小时候不懂事，觉得父亲心里只有别人，有时候感觉别人家小孩都比我们重要，但后来慢慢长大了，我们也会经常去帮助别人，后来都成了习惯。可能有过一些不理解父亲的地方吧，但最终，我们（王平安和弟弟王银安）性格都像爸爸。我妈其实也挺善良的，每次我爸要去帮助别人，我妈都只会叮嘱他'早点回来''路上慢点'这些话，从来没见她抱怨过父亲。我和弟弟也感觉别人有事找到我们，帮帮忙是应该的，既然人家开口了，证明那件事对人家来说真的很重要，不帮的话，我们心里总过意不去。"

许身为公的王永良，用"言传身教"，成为一家人的精神支柱，他没有辜负需要他的人民，也不曾辜负牵挂他的家人！

第二篇
平凡之路,谱写人间真情

王永良短短的半生,总在平凡中谱写真情。他被民众亲切地称为"活地图""多面手""百事通"……这是他十几年如一日的不懈努力和无私奉献,才换来了群众由衷的信任。

第一章　身边的“活地图”

　　“我去年10月9号刚来到所里，刚开始什么都不懂，虽然小王叔（年轻同事对王永良的称呼）不是管户籍的，但他还是会带我去村里入户摸底，在我心里，小王叔就像我们的父亲一样。而且他做事让人特别信服。”王永良一位年轻同事回忆道。

　　那个时候，这位同事刚刚考进镇北堡镇派出所，被分配到户籍科，需要采集群众的户籍信息，但常常因为不熟悉而出错，这让她十分自责又有些力不从心。

　　王永良知道这个情况以后，就亲自带着这位同事挨家挨户摸底。同事惊奇地发现：家家户户的情况王永良都十分清楚，说起他们的情况也是头头是道，真真是一个“活地图”，所以一有事，同事们都习惯去找王永良帮忙，而王永良也十分乐意帮忙。

　　有一位姓蔡的同事与王永良认识时间最长，他说，虽然不是一个部门的工作，但他们遇事总是习惯找王永良帮忙："永良是个'活地图'，他对辖区内家家户户的情况都特别清楚，而且他这个人工作起来非常认真，总是不计时间地加班加点。我记得最清楚的就是这七年的时间里，他利用工作之余，挨家挨户了解情况，骑坏了一辆摩托车、两辆电动车。群众们总是戏称他为'王所长'，因为他总是以所长为榜样，用所长的标准严格要求自己，他更是我们民警的'形象大使'！"

"我最佩服永良的，还是华西小学那件事儿，孩子家长是在绝望的时候找到了我们，感觉永良的群众基础特别好，他说的话，群众都能听进去。群众满意是社区工作的重中之重，我一定会以永良为榜样，做让群众满意的社区工作者！"

王永良短短一生，虽然平凡，又无一不透出其不凡人格的伟大精神力量。

我看到了他在整个镇北堡镇人民中的影响，更让我坚定了将他的精神传达给每一位中国人的信念。我相信，王永良会是我们每一位党员、每一位中国人学习的榜样！

最后我们采访了镇北堡镇派出所所长，他是王永良的领导。虽然是所长，但他与王永良平时更像是兄弟。

"刚调来这里的时候，我就听所里的同事们说，这里有一个'小王叔'，是这里的'活地图''百事通'，没有他不知道的事儿。我们这里虽然是个镇，但是辖区却十分广，周边又有西部影城、温泉小镇、贺兰山岩画等景区，人员流动也比较复杂。我只要一没事的时候，就叫上他一起去入户摸底，熟悉周边地形。"这位所长说。

最近的一次抓捕让所长印象深刻。

镇北堡镇地域广袤，且有西部影城、贺兰山岩画、温泉小镇等景区坐落于此，每到秋天，全国各地来这里旅游的人格外多，情况也比普通的乡镇要复杂。

2018年5月23日，有一帮赌博团伙流窜到镇北堡镇上，潜藏在贺兰山下一个废弃的外景拍摄棚里聚众赌博。为了打击该团伙，办案民警已经做了一个月的前期工作。

可这个摄影棚地处偏僻，四周又十分空旷，民警无法摸清楚前后门，也无法用对讲机传递信号，他们要是拿对讲机一喊这伙赌徒就四散逃开了。

要怎样才能够不"打草惊蛇"，同时保证抓捕工作顺利进行，年轻的所长一筹莫展，不知如何是好。

这时，王永良主动向所长提出自己的战术，并且，几分钟就画出了一张地形草图，清楚地标出了抓捕路线。

凭借这张草图，派出所立即将警力分成5组，分控突击，多面包抄，成功抓获了赌博分子，圆满地完成了抓捕任务。

这是我第一次正面接触民警，在不断进行采访的过程中，除了敬佩王永良对工作一丝不苟的精神，我也敬佩他们之间的情谊以及所长、王永良同事们的虚心学习、为民服务的精神！

第二章　镇北堡的"多面手"

"小王叔每天总是第一个来所里，也是最后一个走的。他每天都会把所里打扫得特别干净。我刚来的时候，是小王叔帮我领的生活用品，我们宿舍、办公室的门把手坏了，他立即提上他的工具箱，过来一会儿就弄好了。感觉小王叔就是一个'百事通''多面手'，啥都会！"一位姓张的同事很崇拜地说。

这位姓张的同事是一个看起来很老实的小伙子，刚进所里不久。但王永良对他们这些年轻人都照顾有加，让他们觉得在派出所工作是件十分幸福的事。

小张是社区协警，他告诉我："有一次，咱们辖区内新华村有一个人，遭受了一些打击，一时没缓过来，有些精神错乱，也不好好吃药，而且老在那闹事，我们都劝不住。小王叔刚出完警回来，一听就立即赶到了，三言两语就哄住了那个人。感觉他对别人特别关心，而且对他们的情况都很熟悉，我特别佩服他！"

"那个人当时因为家里出了一些变故，遭受了打击，所以有些精神错乱。后来我们经常去看他，他也渐渐好转了。好转之后，他说特别想感谢小王叔，可没想到，还没来得及感谢，小王叔就……"

我看到面前这个铁骨铮铮的汉子，眼泪直打转，说着说着不断避开我们的目光，我忍不住也跟着红了眼眶。

我原本对王永良只是充满好奇与敬畏，但是慢慢却不断被感动、被震撼。我相信，在镇北堡镇人的心里，他已经是"雷锋精神"最好的践行者！

"王叔是一个特别简朴的人，他抽的烟都是四五块的，工资也不高。他从来不给自己买新衣服，有时候我们在网上买衣服都会给他买上一两件送给他。2017年，小王叔的大儿子结婚，给他买了一双新皮鞋，他放在柜子里整整一年都不舍得穿。"

"说起鞋子，他平时那么节俭，但有件事情让我特别佩服他。一次，我们抓了两个十二岁的'小偷'，抓回来的时候，他们身上又脏又臭，鞋底都是破的。小王叔看见这俩孩子这么可怜，立刻就骑车去华西村的店里给这两个孩子买了鞋穿上才开始了解情况，完了又亲自送他们回家。我相信经过这一次，那两个孩子哪怕再穷，也不会再偷了。但有时候觉得小王叔对自己太不好了，我们都很心疼！"

这是王永良共事4年的同事小乔告诉我们的，听到这里，我深深地被他的精神所折服。如果说前面帮助新来的同事做的那些都微不足道，那这件事一定是十分鲜明的对比。我们又有几个人能在生活中做到这样呢？一个给自己都舍不得买新衣服新鞋的人，一个平时穿衣服都是同事们看不过的人，他竟然能对抓回来的"小偷"这样大方！我想，那两个孩子是被生活所迫，才不得不走向这样的极端。而王永良这样做，无疑是给了他们做人最起码的尊重，也给他们上了一堂课。他们以后一定会永远记得这位"警察叔叔"，我相信，即使再走投无路时，他们都不会再去偷窃了！

这些小事使王永良不仅获得了人们的认可和敬爱，更是树立了人民警察在人民心中的形象！

"还有的时候，我们所里的同事家住得远，需要加班，小王叔就总是主动提出帮他们加班。小王叔的柜子里还有很多工具，所里什么东西坏了，他都能给修好。所里的煮饭阿姨休息，所长说请我们去外面吃两天，小王叔也会主动要求为我们做饭，他做饭特别好吃。我们出警都很喜欢带着他，他很会调解矛盾，而且熟悉地形，他可是我们心中的'多面手''百事通''活地图'。"小乔如数家珍地告诉我们，仿佛这些事情就发生在昨天，他依然清楚地记得。

小乔与王永良平时是亲密的战友，他清楚地记得每一件关于这个小王叔的事。

"今年3月的时候，华西小学一名10岁的小学生和四个同学打闹玩耍。那四个同学扑在他身上导致他手腕骨折，去医院治疗花了1000多块钱。那孩子家是农村的，比较贫困。当时孩子的父亲就去找华西小学和那四个家长索赔，结果那四个家长不同意。后来就被带到了西夏区人民法院。法院调解两次都没有成功。本来那孩子的家长也只是想让他们四家平摊医药费，也不存在讹诈，但当时那几个孩子家长死活不赔偿。最后没办法，那个孩子的父亲只能起诉到西夏区法院。后来因为那个孩子的家长不识字，在撤诉书上自己签了字，法院只得作出判决。"

"这事本来已成定局了。后来那个孩子的家长实在没办法，就跑到学校去威胁校方。校方与那孩子的父亲把这事报到了镇北堡镇派出所调解室，小王叔顾不得自己已经疲惫的身体，连夜跑到四个孩子家里去做思想工作，竟然调解成功了！我们都特别佩服他！"同事说起这件事仍然掩饰不住自己内心的崇敬之情。

我也是法学专业毕业的，明白判决书的重要性，所以深知做到这些十分不易！若不是平时累积的群众基础，王永良又如何能说动那四个孩子家长赔偿呢？于法，这个事情已经成定局；于情，他们内心是真正信服这个人民警察！他避免了一场大的矛盾纠纷发生，也给了孩子和孩子家长希望，让他们不至于做出令自己后悔的事。

第三章　群众的事无小事

宁夏的冬天，十分寒冷，贺兰山下入冬后直到来年春天，积雪都不能完全融化，冬天的时候往往积雪更深，常常要撒盐、清扫才能出门。冬天既不是农忙季节，也不是各行各业的工作旺季，很少有人出门。但人民警察是必须执勤的，丝毫也不能懈怠。

华西村村党支部书记靳福明是王永良的老乡，因为王永良的一次帮助，他们成了知己。书记说："永良这个人啊，总是助人为乐，他帮助别人已经成了习惯，他总觉得帮助别人是应该的，平时的口头禅就是'你等着，我马上到！'。"

"我是1998年来到本地的，那时候就听说村上有一个警察（人们对警察的编制不清楚，一般统称警察）特别喜欢帮助别人，而且也是甘肃搬过来的。"

"一开始我没有主动去找他攀谈，平时也只是见面寒暄一下。直到有一次，我正在给小麦地里淌水，由于水渠是用沙土垒砌的，湍急的水流很快将渠坝冲出一个豁口，眼看着刚种下的种子就要被水淹了，我当时急得团团转，也不知道具体该怎么办，只能一锹一锹往豁口里填土。这时，正在自己家地里淌水的永良，从地里向我这边跑来，一屁股就坐在我家地里破的渠口子那里，我看到以后也立刻去弄了些土和碎布，总算把那个破口子填上了，庄稼才没有被水淹。"书记说起这件事，心中仍然充满了感动。连他自己都没有立即做到一屁股就坐在水沟里拯救自家的庄稼，王永良这份舍己为人的精神令靳福明十分敬佩。

"永良刚开始干这份工作的时候，一个月工资仅仅400块钱，我们都劝他去找份其他工作，好养活家里的女人和娃娃。结果他说他就喜欢干这个工作，这一干，就是16年啊！我们后来常常一起聊天，听他说起东家长李家短的那些事儿，渐渐也都理解他了，他这个工作确实是了不起啊！"

"我们都比较依赖他，住在我们这里的居民，平常有啥小事都不打报警电话，而是拨他的电话。而他也会当作举手之劳，一刻都没有松懈过。"

人民对他的这份信任，需要多少平时的积累才可以换回，我们不得而知，就凭着这份坚持，王永良便把他人的请求当成了自己必须要完成的使命，这是一种怎样的精神呢？王永良切实地践行了"不忘初心、牢记使命"的新时代口号，也用自己的一生，坚守了自己作为人民警察的使命！

"2015年，永良的邻居家着火了，当时他正在家里休息，看到冒出的浓烟不太对劲儿，他立刻跑到邻居家去敲门，看到门锁着。他使劲敲了半天门都没人应答。"

"确定屋子里面没人后，永良赶紧跑回自家院子里，叫媳妇给自己递水，抬着梯子就翻过围墙救火去了。当时邻居家院子里放了很多柴油，情况特别危险，事后我们都说他傻，冒着生命危险去帮助别人。而他挠挠头说：'群众的事儿，哪里是别人的事儿？'"

"村里统一建房的那会儿，他总是骑着个自行车，挨家挨户帮忙，谁家盖房子他都去，砌砖、上瓦……只要有时间，他都在现场。"

如今，书记隔三岔五就会过来看看王永良的家人，也会帮着王平安料理这位挚友的后事，更是时时安慰他们，让他们要过好接下来的日子。

书记深深地为这位知己感到心痛，但他也一直很支持王永良，他知道王永良做这些事是快乐的！

王永良家的邻居与王永良平时关系十分要好，他告诉我们："我们对永良印象最深的，其实是雪地里的车印子。冬天的时候，我们基本上都不会出门，也没什么事干，早上就起床晚一点，从来看不见他人，但是一看雪地上的车印就知道，永良又去上班了。那么冷的天，整个村子里，那一道车印是独一无二的。"

　　王永良坚守岗位已经成了村里的标杆。一开始不能理解他的村民们看到他那坚定的身影，渐渐地，也都觉得高大起来。到了农忙时节，总是不自觉地勤劳起来，村里形成了一股勤劳的好风气。

　　"永良平时特别忙，我们虽然只有一墙之隔，但也总是碰不着面。不过我知道他常年都是随身携带着充电器，24小时开机，随叫随到！我现在都存着他的照片和号码。直到现在，家里有什么事，我还是习惯性地拨这个电话，可惜，已经打不通了……他唯一一次关机就是那天晚上，没想到竟成了最后一次！"朱维学历经沧桑的脸上浮现出了极度痛苦的表情，他捂着脸，不知道是不是也流泪了，但是，他没有再说下去，我们也没有再问。

　　几次走访，我们都手足无措，也没办法再追问什么，但仅仅是知道的这些，已经深深震撼了我，更是震撼了我们所有人！我读过很多书，认识很多人，王永良做的这些事，都是我们身边微不足道的小事，也是很多民警都在做着的事儿，他是大众的，却又是不平凡的。

　　当时采访王永良同志的长子王平安，他说："父亲总是告诉我，群众的事无小事，人家既然找到你了，你就要尽心办好每一件事！"

　　是啊，对于拥有强烈使命感的人来说，"群众的事无小事"就是一句箴言，值得每个人认真去领悟其中的真谛。

　　"群众的事无小事"，说起来简单，但这句话，值得我们用一生去践行！

第四章　军中绿花送给他

"喂，110吗？"

"是的，您有什么事？"

"警官，我们家娃娃11号就进贺兰山插旗口玩儿去了，这都第三天了，也联系不上人，别是出了什么事！你们赶紧帮忙找一下吧！"

2016年7月13日晚上，西夏区公安局接到群众的报警电话，得知7月11日，四名大学生从贺兰山插旗口上山探险。到13日晚上，四名大学生都与家人失去了联系。

西夏区公安局立即给辖区镇北堡镇派出所和西夏区分局巡防大队下达指令：抽调精干警力组成救援队，上山进行搜救！

由于要徒步进山，镇北堡镇派出所所长立即抽调了所里一名20岁左右的精壮小伙，由自己亲自带队，与西夏区分局巡防大队精干警力组成救援队，开始进行搜救前动员。

"所长，我申请加入救援队！"这时，王永良站出来笔直地对着所长敬了一个礼说道。

"永良同志，我们要徒步进山30多公里，你能行吗？"所长有些担心地问道。

"报告所长，我对这一带山区地形比较熟悉，可以更好地进行搜救！"王永良坚定地说。

"好，批准，由王永良同志带路进山！"所长想了想，也坚定地点了点头。

14日凌晨2时左右，所长带着王永良和另一名辅警与西夏区分局巡防大队的几名精干警力开始徒步向贺兰山深处进发。

不久，他们探测到了四名大学生被困的位置——在距离插旗口十多公里远的敖包圪垯。

从插旗口到敖包圪垯距离较远，而且中间的山路异常崎岖，乱石松动，加之雨后湿滑，更加难以行进。

王永良立即制定出了一条相对近又安全的路线并向领导汇报，得到领导的批准后，救援队立即开始向山里行进。

为了保持体力，确保成功搜救到四名被困的大学生，救援队轻装前行，每人只带了两瓶矿泉水和两个白饼，背在身上开始徒步朝山里挺进，每走一步都十分惊险。

十余公里的山路，救援队足足走了10多个小时，小腿上被荆棘乱枝划出了一道道伤口，血已经将伤口与衣服凝结在一起，每走一步都会牵动伤口裂开，疼得人直流眼泪，救援队的每一位成员都感到非常疲惫。

王永良是救援队里年纪最大的一位，他的小腿也被荆棘和乱枝划出了一道道伤口，每走一步都不断渗出血来。

看到战友们早已困倦和疲惫的身体，王永良一路小跑到他们前面，喊了一声："队友们，打起精神，想想被困的学生娃娃们，他们已经在山里这么多天了，我们一定要早点到达救援地点，把他们安全送到家！咱们作为警察，不能疲惫，我们一起唱一首《军中绿花》，给自己鼓鼓劲加加油吧！"

寒风飘飘落叶
军队是一朵绿花
亲爱的战友你不要想家
不要想妈妈

声声我日夜呼唤

多少句心里话

不要离别时两眼泪花

军营是咱温暖的家

妈妈你不要牵挂

孩儿我已经长大

站岗值勤是保卫国家

风吹雨打都不怕

衷心地祝福妈妈

愿妈妈健康长寿

待到庆功时再回家

再来看望好妈妈

…………

那一天，从徒步进山搜救到搜救成功，再到徒步出山，当时已经48岁的王永良同志跟着20多岁的小伙子们在崎岖的山路中行进了34公里。

自始至终，他都在一直默默地坚持着，是坚强的意志力支撑他完成了如此艰难的一项救援任务。

那天，贺兰山中回荡着他们嘹亮的歌声。没有人知道他们身上早已伤痕累累，也没有人知道他们的身体早已疲惫不堪，唯有这嘹亮的歌声传递着他们坚定的心——我们是一名人民警察！

第五章　活下去才是希望

　　一个人会绝望到怎样一个境界，才会选择走上那条极端的路？但凡还有一丝活下去的希望，我想没人会舍得这个美好的人间。

　　2016年夏天，镇北堡镇一如往常，显得有些平静，王永良也正在自己的办公室值班，似乎没有什么事情将要发生。

　　"铃铃铃……"王永良的手机响了起来。

　　由于镇北堡镇上的群众常常会将王永良的手机号码当成报警电话，一般看到来电显示如为这个区域的号码，王永良都会第一时间接听，一年四季，每天24小时保持开机。

　　"喂，您好！"

　　"喂，王警官，我刚刚开着车子经过新小线赛马水泥厂路段的时候，看到路边有一个妇女，用铁丝把自己和一个看起来一两岁的小孩绑着，也不知道在干什么，但看起来挺危险的！你们快去看一下吧！"

虽然不确定那名妇女的最终目的是什么，但情况十分危急，稍不注意就是人命关天，挂掉电话的王永良立即将情况告诉了所里的值班民警。

其实那个地段原本不属于镇北堡镇派出所，而是属于贺兰山西路派出所辖区，离镇北堡镇派出所也有20多公里的路程，但相比贺兰山西路派出所要近一些。人命关天，值班民警没有丝毫迟疑，立刻带着王永良赶了过去。

"你们都别过来！让我们娘儿俩死了算了！"值班民警及王永良一赶到现场，就看到妇女将一名两岁左右的男孩用铁丝死死地勒着，情绪激动地喊道。

此时边上也围了好些人，但没有一个人敢上前劝解，也不知道如何劝解。

值班民警与王永良立即相互使了个眼色，由王永良对这名妇女进行劝解，另一名民警从侧后方悄悄过去，夺过妇女手中的铁丝，解救母女二人。

"妹子，我不管你有什么想不开的，可孩子是无辜的呀，他还这么小，能知道个啥，你看看他，现在都快坚持不住了呀！无论如何，你想想，他多么无辜呀！"

"你们都不知道，我活着太累了，孩子还这么小，留他一个人在世上叫我怎么放心呀！"妇女哭喊着，断断续续地说道。

"孩子还这么小，他的未来充满了希望呀，有什么是过不去的呢？生活还要往前看呀，妹子，你低头看看他呀，他还没好好看看这个世界呢！"

这名妇女迟疑了一下，怔了怔，缓缓低下头看了看儿子涨红的小脸，眼泪汪汪的，看起来十分痛苦，被铁丝勒住的他，气息有些微弱，动作也变得很轻。

妇女沉默了，手上也不自觉地松了下来，抱着孩子，仿佛泄了气的皮球，一屁股坐在地上大哭起来。

另一名民警见状，立即上前夺过了妇女手中的铁丝，王永良和四周围观的群众，立即将妇女和孩子扶了起来，将她们母子二人从死亡边缘拉了回来。

事后，他们将母子二人带回了派出所，一了解才知道，这名妇女因为一些家庭纠纷，情绪有些失控，就想用铁丝将两岁的儿子和自己一起勒死。

由于王永良和值班民警及时赶到，才拯救了这对母子。那松开的不仅是一根铁丝，更是他们走向未来的一份生的希望！

据镇北堡镇派出所里的民警说，后来这名妇女被家人接走，情绪逐步恢复正常，之后还在镇上开了个商店，生活趋于平稳。孩子也已经准备开始上幼儿园了，生活回到了正轨。

我仿佛拿着一个放大镜，将王永良同志的这一桩桩事迹寻找并呈现出来，王永良是独特的，却也是中国成千上万名警察中的一员。我希望，能够让更多人看到一名普通人民警察的平凡而又伟大的一生！

第三篇
遍寻人间:处处是真情

因为王永良是人民的王永良，所以人民亲自去接他"回家"……

第一章　王永良，任务完成，请归队

我最先了解王永良同志是在《宁夏日报》一篇名为《王永良，任务完成，请归队！》的文章上面。

记得当时看到那篇文章时，我立即转到了公司微信群里，我们每个人都被那在特大山洪里顽强抗争的身影深深震撼了。那几天，朋友圈也都纷纷转发这条信息，为王永良祈福，企盼英雄能够平安归来。

在王永良同志失踪的四天四夜里，宁夏各单位开展了一场全城大搜寻，在这场搜救过程中，我看到了人间温情。

四天四夜，银川市的救援力量一直有增无减，全城都在呼唤！全城都在呐喊！全城在竭尽全力搜救执行救援任务过程中被洪水冲走的辅警——王永良同志！

救援时间一分一秒地过去，王永良同志的安危也牵动着全国公安民警、辅警和社会各界群众的心，每个人都揪着一颗心，企盼能够有奇迹发生，能够让王永良同志平安归队！

"王永良，任务完成，请归队！"

这是一句"命令"，更是一句"疾呼"，是所有人向王永良发出的"呐喊"，向王永良输送的生命能量！我们多想看到王永良敬着潇洒的军礼，铿锵而响亮地向群众回答一句："是！"

一声声呼喊，一声声期盼，还是没能唤回在解救被困群众过程中不幸被洪水卷走的王永良。

大家都期盼着奇迹的发生，但最终奇迹还是没有如愿到来。

7月23日，救援人员在一处浅滩发现了双腿膝盖、后腰、胳膊和腿等多处受伤的郑建卫，被救出时，郑建卫的鞋子早已被冲得不知去向，上衣和裤子也已被洪水撕烂。

连夜在防汛临时指挥部指挥救援的自治区副主席、公安厅厅长许尔锋得知郑建卫被救的消息时，第一句话便是："我想和我们的民警同志说句话……"

电话另一头，被洪水冲出10余公里的郑建卫早已泣不成声："报告厅长，对不起！我没有完成任务，给组织和战友添麻烦了，让这么多人担心我、找我……"

与此同时，50岁的辅警王永良下落不明，《人民公安报》、中国警察网等全国多家公安媒体矩阵接力，200多万公安民警为王永良祈福。

7月24日，所有被困、失联群众均已转移至安全地带。只有王永良失去了联系。

7月25日，搜救工作已经进行到了第三天，随着时间的推移，救援力量有增无减。全市出动救援警力1300余人次，车辆60余辆，冲锋舟、救生艇18艘，无人机16架，直升机2架，声呐探测仪1台，社会救援力量和当地村民400余人次积极参与进行搜救。出动了这么多的社会力量，全城的人都在翘首等待英雄"回家"！尽管希望渺茫，但每个人都在盼望着奇迹的发生！大家都在此时发出了共鸣：要接英雄归家！

7月26日，暴雨后的银川经过几天的休整后，气温再次回升到35℃，毒辣的太阳让人们无处躲藏，在贺兰县金山村，所有参与搜寻的救援力量都在太阳底下与时间赛跑。搜救人员的皮肤被晒得发红、脱皮，可没有一个人有过放弃的念头，因为他们知道，这流逝的一分一秒都是王永良的生命。

尽管已经意料到了结局，可当王永良的遗体被找到时，所有参与搜救的民警、武警、消防官兵、村民、社会救援力量以及等待消息的市民们一时都无法接受。

7月28日上午，王永良追悼会在银川市殡仪馆举行。800余名民警参加了追悼会，社会各界人士和西夏区镇北堡镇的村民们自发前来，殡仪馆门前排起长长的队伍，自发送英雄最后一程。

公安部发来唁电："王永良同志用宝贵的生命维护了人民幸福和社会安宁，践行了'人民公安为人民'的庄严承诺，是公安警务辅助人员的杰出代表。"

注：本章中搜救事迹来源于《银川晚报》中《王永良事迹全记录，感动全国，公安部发唁电！》一文。

第二章　父未归，大旗我来扛

王平安是王永良的大儿子，平常的工作是一名缉毒辅警。

7月22日那一场特大山洪让镇北堡镇几乎所有民警都出动了，王平安也不例外，可以说是名副其实的"上阵父子兵"。

7月22日傍晚，贺兰山一带天色十分昏暗，明明晚上8点左右才能暗透的天，此时已经伸手不见五指了，救援力量一直在搜救被困群众，洪水声、风声、暴雨声、喊叫声、皮筏游动声……嘈杂地混在一起，虽然听不清楚，但丝毫不妨碍每一位救援人员想要救出被困群众的心。这时候的他们，用心聆听着每一处微乎其微的呼救声，不断奔赴下一个救援地点。

王平安也参与到了救援队伍中，不断救出一个又一个被困群众的他，此时已显得有些疲惫。

7月22日晚上大约10点的时候，一名也在参与搜救的同事跑过来对王平安说：“平安，听上边传来消息，你父亲和郑教导员失联了！山上还有一部分被困群众！”

“什么？！”王平安有些不敢相信。

“听说你父亲和郑教导员在抢救被困群众的时候失联了！山上还有一部分被困群众没有安全转移！”同事只得又复述了一遍，隐隐有些担忧。

·············

　　一转身，王平安已经冲了出去，他向山上跑去，这个时候，山上已经开始组织搜救。他冲到搜救队伍中间，与其他人一起尽力转移被困群众。

　　凌晨1点多的时候，探测仪发现的被困群众已经全部转移，王平安这才继续向山上跑去，开始寻找自己的父亲。

　　直到7月23日下午，王平安一天多都没有合眼，眼里布满了血丝，眼睛蒙眬得已经看不清东西，一夜之间，脸上长出了胡茬，身体沉重得摇摇欲坠，完全失去了90后身上那种独特的朝气。不知道的人，一定会被他此时的模样吓一跳的。

　　"平安，家属不让靠近，你就在这里等消息吧！"镇北堡镇民警怕他情绪太激动，以家属不让靠近为由让他回去等消息。

　　王平安虽然有些怔怔的，但明白这是命令，也就只得在原地等候搜救的消息。

　　7月23日傍晚，救援队找到了在浅滩处的郑建卫，立即给王平安打了个电话。这让王平安感到十分高兴，不管找到的是谁，毕竟又多了一份活着的希望。

　　"妈，找到了！"知道母亲一夜没睡，王平安立即也给母亲打了一个电话，希望母亲能休息一下。

　　挂完电话，有个同事跑过来告诉王平安，找到的是郑导，王永良仍旧处于失联状态，王平安放下的心再次悬了起来，也不敢给母亲再打电话了，生怕母亲担心。

　　7月26日，直到他父亲的遗体被打捞上岸，他都是怔怔的，几乎因为悲伤过度而晕过去，他不敢相信这个事实，也不敢告诉母亲这个事实，因为他知道，母亲受不了这沉痛的打击。

　　面对王永良同志的家人时，我也总是有些手足无措，生怕打碎了他们已经回归平静的生活。

王平安不顾一切地冲上山去寻找父亲，几天几夜不眠不休等来的消息，让我们无不为之心痛。就连我们，在不断为王永良同志祈福时，都企盼能够等到他"归队"的消息，那种殷切，是我们所有人的心声啊！

那时的王平安，仿佛一夜之间就长大了，从一个孩子变为了家里顶天立地的男儿！

那时，他就像一座孤独的山峰，背影绝世而独立，屹立在巍峨的贺兰山上，仿佛坚定地在向人们说：父未归，大旗我来扛！

第三章　我们盼您，永存人间

听说王永良的同事也参与了当天的救援，我便问他们："听说当时你们也在现场，我想了解一下当天的情况到底怎么样，你方便详细地描述一下吗？"

王永良的同事顿了顿，便告诉我们："7月22号那天下午6点多暴发了山洪，所里发了通知让所有工作人员回来值班。我们回到单位的时候，他俩（郑建卫同志和王永良同志）已经出去了。领导一直跟他们保持联系。直到后来，他们的电话就打不通了。"

"那个山上有一个山庄，我们都以为他们一定是去那里躲雨去了，我们也一直在忙着转移群众的事，也没太在意。后来雨越下越大，领导坚持要我们跟着去山上看看。我记得当时雨特别大，我从来没有见过那么大的雨。10点以后，我们到了那个山庄，发现他们根本不在那个山庄里。"

"后来有几个群众跑过来，说是看到了两名民警往山下那个亮着车灯的皮卡车方向去了。我们立马就往那边去找了。过了不一会儿，消防上的（消防官兵）找到了郑导（郑建卫），郑导说看见小王叔就在不远处的地方，我们就沿着那一带继续找。"

"当时小王叔的儿子也一直跟着，我们一直找到第二天下午，当时看到小王叔的儿子眼睛红红的，感觉已经撑不住了，我们就以家属不让搜索为由让他回家等消息。直到26号才找到，一共89个小时，找到的时候，小王叔身上的衣服都还整整齐齐地穿着，可是……"

同事们都有些控制不住自己的眼泪和颤抖的声音，我们也沉默了，一时之间，都没再说话。

我仿佛看到那风雨交加的夜晚，那电闪雷鸣的场景，忍不住有些发抖，我们的身躯都不由自主地颤抖着，为当时那样的惊险，为郑建卫同志和王永良同志以及所里的每一位警察那种舍己为人的精神！面对这样危险的场景，他们总能从容地以他人为先，有这样的人民警察在身边守护我们，我们实在太幸福了！

这时，我甚至可以想象：在无尽的黑暗中，两位人民警察那绝望而又坚定的目光，他们向对方投去了一个坚定的眼神，都已经作出了最坏的打算，而后便被无情的洪水裹挟而下。在那一瞬间，他们朝对方艰难地敬了一个军礼，面带微笑，因为他们知道，群众都已经安全转移，他们的任务完成了！

听说找到王永良的时候，所有搜救的队员，齐齐地向着他的遗体，敬了一个军礼，用军人的方式，为这位人民英雄送上了最后一程！

"听说老王警官出事以后，我们整个村老的小的，自发组成了一股救援力量，周边洼地、玉米地我们都找遍了，就盼望着接他回家！后来知道公安上（口语，公安那边）已经把他找到了，我们又自发去殡仪馆送他最后一程！"王永良的邻居抹着泪告诉我们。

"平时，他都是24小时不关机，随身还带着充电宝，谁家丢个鸡、吵个架，大大小小的事总是习惯打他的电话，让他来主持公道。只要他一来，总能化解矛盾。他最后一次关机就是那天晚上，后来电话打不通了，现在家里一有什么事还是习惯性拨通他的号码，也一直都还存着，可惜现在打过去都是'您拨打的电话是空号'。小同志，这句语音听起来太冷了呀！"邻居忍不住大哭起来。

听到英雄牺牲的消息后，千里之外的网友们也无时无刻不在盼望着"最新消息"，盼望着英雄归队！

在这里，我仍想用我以为最尊敬的方式，以一首《英雄啊，我们盼您永存人间》向这位英雄"敬个礼"！

那一年
您仍是亲切的"老王警官"
也刚在儿子结婚时
收到一双新鞋
还有一个可爱的小孙子
呱呱坠地，未满周年

那一月
暴雨山洪突降贺兰
肆虐的山洪将平静撕毁
您只留下一道背影
孤独
却也决然

那一天

您毅然地将生命

定格在那冰冷的贺兰山上

微笑着迎接死亡

却唯独对人民

念念不忘

那一刻

倾盆的暴雨从天而降

怨恨那无情无义的苍天

不讲一丝丝情面

甚至不让您

和我们说一声再见

英雄啊

英雄啊

我们盼您

永存人间

我们总是不甘平凡却又不断走向平凡。王永良同志虽生于平凡，但他勤于耕耘，在平凡中铸造着伟大的精神力量。

这是怎样一幅伟大的画面，这是怎样的两名人民警察啊！他们用自己的生命践行了"全心全意为人民服务"这句党的箴言！

第四篇
念念不忘，是那英雄的魂

老支书眼含热泪说："我没有看错人！虽然悲伤、可惜，但家乡能出这样的英雄，让我们感到非常骄傲！臧克家说过：'有的人活着，他已经死了；有的人死了，他还活着。'每个人献出生命的意义不同，王永良同志生得伟大、死得光荣。值得我们每一个共产党员学习！"

第一章　他是个好人

王永良走了。这对于家人、亲友来说，无疑是个沉重的打击。我们知道，他走的时候，年仅50岁。小儿子刚上高中，家庭的重担完全落在了长子王平安的身上，王平安刚参加工作不久，又有一个8个月大的孩子抚养，生活着实不易，家人更是整日以泪洗面。

王小梅，王永良的妻子，在王永良当兵退役后两人于甘肃老家认识，他们一见钟情，于1992年结婚。

结婚后他们共同操持家业，在家中以种地为主，种地所得勉强能维持生计。王小梅始终支持丈夫的任何决定，她认为，只要能得到心爱的人的陪伴，日子就算过得清贫一点她也不在乎。

后来，王小梅产下长子，王永良同志难以掩饰心中的喜悦，在村中奔走相告，生怕别人不知道这个消息，街坊邻居听到后也纷纷祝贺，王永良开心得合不拢嘴。

一个邻居问："你儿子叫什么名字啊？"这一问倒把王永良问住了，头一回做父亲，儿子都已经生下来了，名字还没有起好。

王永良一边笑着责怪自己，一边想着给孩子起一个好名字，回想自己六年的军旅生涯，始终以保护国家为己任，目的就是想让人民平平安安，这也是自己的毕生追求。想到这里，王永良同志嘴角一笑，告诉妻子王小梅说："咱们的儿子就叫王平安吧，我希望他一辈子能平平安安，也希望我们每一位中国人能够平平安安。"

这样一年一年过去了，王永良同志虽然在家种地，但他始终不忘自己是一名党员、一名军人，始终用一种"孺子牛"的精神经营着自己的"小家"和身边的"大家"。

后来，王永良带着妻子和不到三岁的大儿子从甘肃搬迁至银川市镇北堡镇华西村，成了一名联防队员，虽然每个月的工资只有几百元，但是穿上这身制服后，王永良心底那份"军装情结"像是久旱逢甘霖的春笋，不断生长。这个时候，钱已经不足轻重了，更多的是对这身制服、这份事业的热爱。

微薄的工资常常令王永良和家人入不敷出，王永良也总是早上第一个出村，晚上最后一个回村，并乐此不疲。看着别人家的孩子年年都有新衣服穿，吃的用的都比自家要好得多，再看看自己家的孩子，都快到冬天了，脚上穿的还是漏出脚趾的鞋子，每每想到这里，王小梅的眼泪总在眼角转了又转，但她始终与王永良一起坚持着。

王永良总是安慰妻子说："这不是还有鞋穿在脚上嘛，哪像我们小时候，光着脚板照样壮实，现在的生活多好啊！"王永良同志是在安慰妻子，其实也是在一遍遍给自己打气。

他心中知道妻子不容易，仅凭着每个月这点微薄的工资，要养活一家人，实在是太难为妻子了，正所谓"巧妇难为无米之炊"，这么多年，他也尽力地让妻子过得舒心，处处体谅着妻子的付出。

每天天一亮，王永良便起床洗漱，收拾收拾去单位，一辆凤凰牌自行车成了他形影不离的朋友。家离单位不远，骑车不过十几分钟，这么近的距离，可他从不回家吃饭，总是在单位随便吃点就对付了，因为他知道，回家吃饭虽然花费时间不多，但在这期间要是有什么紧急情况，会影响出警效率，这可能会造成意想不到的后果。

一天，王永良正骑着车在辖区内巡逻，正好走到自己家门口，想进去看一眼自己那两个活泼可爱的儿子。自己每天下班后，总会在单位待到10点多，因为这个时间段，辖区的居民基本进入梦乡，自己身上的重担也可以卸下来了。

儿子也不例外，每当王永良回家后，看到的总是两个儿子撅着屁股蒙头大睡，时不时小嘴动一动，样子甚是喜人。看到这些，王永良就觉得自己做什么都值了。

妻子永远是坐在沙发上等他最晚的那个人，他也曾多次劝她："不用等我，早点睡。"妻子每次都会笑着口头上答应他，但她知道警察这个职业，常常与危险打交道，每天早上一出门，就是生死未卜的一天，只有等他安安全全地回到家了，心中悬着的大石头才能落地。

王永良觉得亏欠妻子和孩子的太多了。"今天就趁巡逻之便回家陪陪他们吧。"他想。

正准备推开大门的他还是将手退了回来："我不能这样做，现在我是在巡逻，辖区内出了任何问题都是我的责任，我必须站好每一班岗，必须做好每一次巡逻！"

于是，他毅然决然地扭头骑上自行车继续巡逻去了。这一幕刚好被邻居看见了，邻居将王永良路过门口都不进门的事情告诉了他的妻子。后来，王永良的妻子时常调侃他有大禹的风范，三顾家门而不入，每次被调侃时，王永良总是脸一红，又内疚，又高兴。

有一天，他拿出日历，心想着妻子的生日快到了，看看究竟是哪一天，这一翻才发现，原来就是那一天。

"时间过得好快啊！"他一边将日历放回原处，一边寻思着给妻子买点什么礼物，这几年来，由于工作的原因，王永良总是没时间给妻子过生日，妻子也从未抱怨，这让王永良同志很是愧疚，这次一定要好好补偿她。王永良一边想着一边推着自行车就出门了，临走还不忘叮嘱一下值夜班的同志，一定要好生对待工作。

天已经黑了，乡村道路照明条件不好，王永良同志拿出备好的手电，借着明亮的月光，向离家不远的市里骑去，因为那里可以买到妻子最喜欢吃的石榴，他一边飞奔着，一边回想着这么多年来与妻子之间的点点滴滴。

他很感激妻子对自己事业的支持，整个家庭都是她在操持，自己的工资本来就很微薄，常年都是紧衣缩食地度过，石榴是她最爱吃的水果，上一次给她买石榴吃还是在结婚的时候。婚后日子艰难，妻子就再也没有买过这种"昂贵"的水果，好几次路过卖石榴的摊位，妻子都会驻足欣赏一会儿，然后又慢慢地离开。

王永良时常打趣说道："那么多水果，你怎么偏偏就喜欢石榴啊？"妻子总是嘿嘿一笑，说道："石榴耐吃啊，其他水果一吃就没了，一个石榴一粒一粒吃完得要好一会儿呢。"

想到这里，王永良心中又是一阵酸楚，眼看着跟自己年龄相仿的邻居通过打工，已经住进了市区，过上了小康生活，而自己一家人还在温饱线上挣扎。很多朋友都劝他，放弃这份辅警的工作吧，现在正是经济发展的大好时光，出去打工一年挣的钱能顶得上你好几年的工资，并有人提议过完年带上他一起出去打工，但是王永良同志总是一一谢绝了。只有他自己知道，这份事业无关工资多少，最重要的是责任，是坚持，是看到辖区内每一位居民都平平安安。

不知不觉，王永良来到了快要打烊的水果店，这是他的老熟人，王永良曾经帮他抓住过抢劫店铺的嫌犯，店主一直很感恩。

见王永良过来了，店主立即招呼他进来坐，说明了来意后，店主挑了两个大石榴，坚决不收钱。

王永良执意要付钱，店主执拗不过，说道："那你就给五元的成本吧。"

王永良摸摸裤兜，发现浑身上下只带了三元，思索良久，于是他放下了一个石榴，付了一个石榴的钱就急匆匆离开了。

一路上，他顾不上累，自行车越蹬越快，汗水哗哗地往下流，手电筒也在这时不争气地没电了，好在月色不错，借着皎洁的月光，王永良迅速向家的方向奔去，这条路对王永良同志来说太熟悉了，整个辖区及周边地区，闭着眼睛他都能找着。回家的路程总是很短，转眼间已到了家门口，屋子里还有昏黄的灯光，他知道，是妻子在等他，这个习惯是妻子从他当上辅警后养成的。王永良进屋看了看表，已经快10点了，他迫不及待地拿出刚买的石榴，借着微弱的灯光，夫妻二人陶醉在幸福中。

后来，随着国家经济建设的大力发展，国家公务人员的工资水平也在逐步上升，王永良一家虽谈不上宽裕，但日子过得也还滋润，家中长子王平安，次子王银安，都相当乖巧懂事，热爱学习，发愤图强。

正在一家人奔走在通往幸福生活的路上时，家中的顶梁柱却倒了，这对整个家庭无疑是最大的打击，妻子王小梅终日以泪洗面，悲痛欲绝，她时常幻想这只是一个梦，一觉醒来王永良就在身边，梦境和现实她早已分不清，心中的落差常常使她神情恍惚。

在他牺牲后，她能说出的话，反反复复只有那一句："他是个好人，他怎么就走了！"他们之间更多的点点滴滴我们已无从问起，但仅从这些细节中，我们依然能够看到他对于家庭那种付出与责任。

我们都会记住：他是一个有责任、有担当的顶天立地的男子汉，他是个好人！

第二章　忠骨长埋，忠魂不朽

当王永良牺牲的噩耗传回家乡时，整个光华村都被一种巨大的悲伤气息笼罩，村里的男女老少至今仍然记得他的好。每次王永良回到老家，都会挨家挨户去看望他们，问候村里的孤寡老人，大大小小都会关心一遍。

没有人愿意相信王永良就这样离开了，也没有人能够接受这样一个事实！他甚至还来不及跟任何一个他心心念念的家乡友人道别，便一声不响地离开了这个世界。

"面对洪水中受困的群众，他不顾自身安危，能做出这种选择，我并不意外。因为他从小就和别人不一样，一心只为别人考虑。"王永良的发小哭着说道。

在王永良的追悼会上，他哭着说："永良，作为发小，我无法抑制内心的悲伤，但是，我为你感到骄傲！你用实际行动和终身的信仰践行了一名军人的本色！你是家乡人民的榜样和骄傲！"

他指着自己身上的迷彩服继续说道："我也会告诉在部队当兵的儿子，让他向你学习，做一个真真正正的军人，做一个有血性、有担当的男子汉。"

28年前，王永良虽然从部队返乡，脱下了军装，内心深处却始终没有放下这份"军人情怀"。所以，当有朝一日有机会穿上警服时，他并不计较是不是"真警察"，并不计较每月只有一点点微薄的收入。

有一次王永良回老家探亲，当村里的老支书问了他的工资情况后劝他："你啊，别人一月六七千，你守着个挣不上钱的辅警咋养活娃娃女人啊！赶紧找个别的事儿干吧！你又不是那种没本事贪安稳的人……"

不等他把话说完，王永良同志反过来笑着劝他："叔，你知道，我从小就喜欢这套警服，钱少了少去，只要娃娃女人能够吃饱穿暖，我能够继续穿上警服，干自己想干的事情就行，咱不求那大富大贵的。"

王永良有两个儿子，长子王平安是西夏区一名禁毒专干，后来也成了一名辅警。

王永良常和朋友们说："我这辈子最大的愿望，就是穿上国家制服，成为一名堂堂正正保家卫国的军人！"

"保护人民平安"一直是他潜意识深处最大的信仰和追求，于是，他给大儿子取名叫"平安"。搬到银川，成为银川市镇北堡镇派出所一名辅警时，小儿子出生，他希望"银川人民平安"，于是，他给小儿子取名"银安"。

两个儿子的名字，时时刻刻教诲着他们，他们都记得自己名字中包含的使命和责任，也都成了王永良同志的骄傲，成了这个小家和大家的骄傲。

　　"父亲是我最尊敬的人，他为人敦厚、正直善良。从小受他的影响，耳濡目染，我也成了一名辅警，希望能像他一样为老百姓服务。"

　　2015年6月，王永良的长子王平安被西夏区禁毒委选聘为禁毒专干，从事禁毒宣传、康复人员帮教等工作。心怀感念，秉承教诲，2018年6月，王平安被西夏区禁毒委申报推荐为自治区十佳禁毒工作者。

　　"从父亲出事到现在，组织动用了众多的人力物力搜救，我们全家很感恩。我为有这样一位父亲骄傲。"

忠骨长埋，忠魂不朽！王永良一生的追求，有了最好的延续。

2018年7月28日，光华村推选光华村原退休老支书、队长及王家亲属等六位家乡代表来参加王永良同志的追悼会，送英雄的静宁好男儿最后一程。

"一个人思想境界的高低，并不取决于书读得多少。"王永良同志用自身的行动印证了这句话。

老支书眼含热泪说："我没有看错人！虽然悲伤、可惜，但家乡能出现这样的英雄，让我们感到非常骄傲！臧克家说过：'有的人活着，他已经死了；有的人死了，他还活着。'每个人献出生命的意义不同，王永良同志生得伟大、死得光荣。值得我们每一个共产党员学习！"

近年来，王永良同志发现家乡的变化很大，家家户户修了新房，住上了新院，过上了好日子，抑制不住内心深深的欢喜。于是，每次回到家乡，都要从王段家沟跑过去，爬上黑山岇，高兴地大声吼一嗓子歌曲，整个村子上空都能听得到。

"你听听，这首《西口情》是他生前最喜欢唱的。"王永良的堂兄打开一段音频，上面传出王永良同志沧桑的声音：

> 走西口的眼泪
> 流不尽祖辈的柔情
> 黄土坡驼铃传来的时候
> 口外的哥哥
> 牵挂着故乡的亲情
> 哎哎呦，哎哎呦

大黄风吹来流浪的沙蓬

吹断了归途

吹不断大榆树的根

拌莜面的苦菜

养育了倔强的个性

蒲公英落地生根的时候

黄河的血脉

浇灌出金色的收成……

王学锋说："自从永良牺牲以后，每天晚上睡前，我和妻子都忍不住要打开家族的微信群，听一听永良兄弟唱的《西口情》。妻子每次听着听着都会失声痛哭，但她还是会说，再放一遍吧，我们再听一遍吧，我们再好好听听他的声音，要记住了啊，永良兄弟再也回不来了。"

是啊，此刻，这首歌好像专门唱给王永良同志的。大黄沙吹断了游子的归途，却吹不断大榆树的根。不过，王永良同志若看到群众已被成功解救，必会欣慰笑对万家灯火，笑慰撕心裂肺的亲友。王永良同志的这种精神是对人民高度负责的产物，在为人民服务的路上，他负重自强、不懈奋斗，他所提倡的"群众的事无小事"已经成为一种精神。

社会发展得好，群众生活得好，总有一种奋发向上的精神、一种积极进取的意志。而一个人所散发出的精神力量正是一个地区沉淀的精神文化中的折射。

"群众的事无小事"是中华传统美德的内涵和中国社会主义核心价值观的内在反应。

在这个和平的时代如何才能称得上英雄？习近平总书记在全国公安

系统英雄模范立功集体表彰大会说过："英雄是历史中的杰出人物，拥有崇高理想和价值追求，有着百折不挠的奋斗精神。"

在王永良心中，崇高的理想和价值追求就是那一句"群众的事无小事"，而仔细回想他的一生，我们就不难发现他身上所具备的奋斗精神！

他的出身，与大多数人一样，平凡又普通，甚至在中国万千家庭中，他是不起眼的那一类人。

然而在这样平凡的日子里，他用自身的实践，一步一步踏出了一条不寻常的路：他始终都有一种"集体"的大格局，不以个人的利益为最终利益，而是把"集体"利益当成了终身追求的目标。

王永良，生而平凡，造就不凡！

终 章　奏响英雄的赞歌

　　7月28日上午，天空阴沉沉的，银川市殡仪馆门口摆满了花圈，来自宁夏回族自治区公安厅、银川市和西夏区的有关领导及宁夏五地市公安机关民警辅警代表，解放军、武警、消防官兵，以及王永良同志生前亲朋好友、自发前来悼念的社会各界群众共1600余人纷纷排起长队，他们表情凝重，早早等候在这里，送英雄最后一程。这一刻，王永良同志正式跟这个世界告别了……

　　纵观王永良同志的一生，并没有什么太大的起伏，但他的灵魂却闪闪发光。他的故事，在他50岁这一年，为了解救被困群众，画上了壮烈的一个感叹号！就像王永良同志的一生，这本书最终也画上了句号。

　　我这支带泪的笔紧紧地握了一年时间，还是无法松开，王永良同志那份英雄气概一直在我的心中久久回荡，不能平息，这一曲英雄的赞歌就像高山流水的琴音，到这里戛然而止了，留下了无尽的余音绕梁，不绝于心。

世间大多美好的事物总是带着一些遗憾。我们无法再见到王永良同志的音容笑貌，也无法再拨通那个从不关机的电话，无法再听见那一声声嘹亮的歌声，那么，就让我们带着这份遗憾，不断去触摸他的灵魂，感受生活的平凡与伟大。

打开王平安同志发给我的音频，《西口情》成了我对王永良最终的印象：那个黄土地养育的有着黄色皮肤的汉子，屹立在山顶上，俯瞰这山河大地，绽放出了最美的微笑。然后，将最后一丝光辉洒向人间，太阳升起的时候，那一抹微笑最终消失在了阳光的尽头……

终章我不再分为几部分来写，就借着这支带泪的笔，为王永良画下一个精神站立的地方！

记得在王永良的追悼会上，有一段悼词这样写道："王永良走后，战友们深切缅怀王永良生前的点点滴滴，寻找关于使命、忠诚、奉献、责任、担当的答案。王永良同志走了，站立的地方依然温暖有力。"

关于使命，习近平总书记的那一句"我将无我"已经给了我们最好的答案；关于忠诚，军人和人民警察总是会给我们最好的答案；关于奉献，人民英雄会给我们最好的答案；关于责任和担当，时代潮流下的每一位中国人，都会用自身行动，告诉我们答案！

最后，我们就用这一句话来结尾吧：王永良同志走了，站立的地方依然温暖有力！

附录一
宁夏公安厅关于追记
王永良同志个人一等功的决定

关于追记王永良同志个人一等功的决定

各市、县（区）公安局（分局），厅属各部门：

银川市公安局西夏区分局镇北堡镇派出所辅警王永良同志，自1999年部队转业到派出所从事辅警工作以来，18年如一日，长期扎根基层一线，不忘初心、牢记使命，时刻以人民警察的标准严格要求自己，爱岗敬业、无私奉献，出色完成了各项工作任务。

2018年7月22日晚，银川市贺兰山东麓沿线地区发生暴雨引发山洪，部分游客群众被困。接警后，王永良同志立即会同派出所教导员郑建卫同志赶赴现场营救被困群众。在抗洪抢险救灾过程中，两人被洪水冲走，郑建卫随后被救起，王永良同志壮烈牺牲，年仅50岁。

王永良同志恪尽职守、不怕牺牲，为保卫人民献出自己宝贵的生命，践行了"人民公安为人民"的庄严承诺，是全区公安机关和广大公安民警、辅警学习的楷模。公安部和自治区领导先后作出重要批示、指示，要求认真学习宣传王永良同志的先进事迹。他的事迹经新闻媒体报道后，引起全国社会各界广泛关注，广大群众称赞他为新时代的"中国好辅警"。

鉴于王永良同志在"7·22"抗洪抢险救灾中的突出表现，为表彰先进，鼓舞士气，激励斗志，根据国务院和自治区人民政府有关规定，参照《公安机关人民警察奖励条令》，自治区公安厅决定，追记王永良同志个人一等功，颁发证书，奖励人民币2万元。

全区公安机关和广大公安民警、辅警要认真学习王永良同志先进事迹，鼓舞士气，凝心聚力，全力以赴做好自治区成立60周年各项安保任务，为全区社会稳定、人民安居乐业作出新的更大贡献。

宁夏公安厅
2018年8月30日

附录二
中共银川市西夏区委政法委员会
"7·22特大洪灾"事迹材料选录

果敢无畏 英勇奉献
用生命托举伟大时代的精神旗帜

——宁夏银川市公安局西夏区分局辅警王永良在抗洪抢险中壮烈牺牲

2018年7月22日，宁夏银川市贺兰山沿山地区发生暴雨引发山洪，银川市公安局西夏区分局镇北堡镇派出所教导员郑建卫带领辅警王永良在贺兰山沿山路段救援被困群众过程中被洪水冲走，经多方搜寻，郑建卫同志获救，王永良同志不幸壮烈牺牲。国务委员、公安部部长赵克志作出重要批示，要求切实做好家属抚恤慰问等工作，精心开展好王永良同志事迹宣传报道，进一步激励广大公安民警、辅警不忘初心、牢记使命，全力做好当前各项工作，切实维护人民群众生命财产安全和社会稳定。公安部发来唁电，称赞"王永良同志用自己宝贵的生命维护了人民幸福和社会安宁，践行了'人民公安为人民'的庄严承诺，是公安警务辅助人员的杰出代表。"石泰峰、咸辉、姜志刚、张韵声、许尔锋等区、市领导也先后作出批示，号召全区广大公安干警向王永良同志学习，为保障全区经济社会发展作出新的贡献。

一、冲锋在前，抗洪救灾显本色

2018年7月22日，银川市贺兰山东麓中北段突降暴雨，暴雨持续到23日6时，引发了百年一遇的洪水。灾情出现后，宁夏回族自治区党委、政府迅速启动防汛二级应急响应，区、市、县三级多部门紧急出动，及时转移受洪水影响地区的群众5200余人，将围困在贺兰山的21名游客转移到安全地带。

7月22日晚间开始，银川市贺兰山沿山路段突降暴雨引发山洪。20时左右，市公安局指挥中心先后接到多起群众报警，在滚钟口至苏峪口地段被山洪围困，市局指挥部紧急指令消防支队、西夏区分局和辖区派出所前往救援。接到出警指令，西夏区分局镇北堡派出所教导员郑建卫立即带领辅警王永良驾驶警车前往救助。出警车辆由北向南行驶至距离滚苏路和镇苏路交叉路口近1公里处时，王永良和郑建卫两同志发现山地地势低洼，水流湍急且夹杂大量泥沙，已不宜通过。见此情形，民警郑建卫立即将警车停在路边，将情况上报分局指挥中心和带班领导，同时向镇政府联系请求指派救援的大型挖机进行增援，王永良同志联系到报警人员，告诉他们先将车辆行驶到地势较高的地方等待救援。

随后，郑建卫带领王永良同志调转车头赶往其他求救现场。在镇苏路上由西向东行驶4公里左右时，直径两厘米左右冰雹夹杂着暴雨倾盆而至，降水量迅速增加，整个路面已经完全被淹没，洪水夹杂大量泥沙开始冲击警车，警车在洪水冲击下开始剧烈晃动，车灯的晃动照射，让郑建卫和王永良同志注意到前方东侧四五十米处停着一辆皮卡车，亮着车灯，不确定车内是否有被困人员。为了确保每一位报警求救群众的绝对安全，郑建卫和王永良果断决定探查救援，两位同志迅速戴好救生圈，下车徒步涉水查探皮卡车内详情。刚下警车，洪水已经没过膝盖，水流湍急，站立和行走都异常困难。经过艰难跋涉，两人终于靠近皮卡车，郑建卫爬上车厢，确定车内无被困人员。此时山洪流势急剧增大，郑建卫大声呼喊战友王永良，告诉他车内无被困人员。还没等到王永良回应，一股猛烈的山洪将皮卡车打翻，连同郑建卫一同被卷入洪水中，与此同时，夹杂着大量泥沙和碎石的洪水瞬间将王永良同志吞没……

二、浩气长存，千人自发送英雄

王永良失联后，宁夏回族自治区、银川市组织武警、公安、消防和社会各界救援力量，开展了一场与时间赛跑的生死大营救。四天四夜，区市党委、政府和广大公安干警不放过一丝希望，全国200多名万民警、辅警通过微博、微信等各种途径为王永良祈福："王永良，被困群众已安全转移，现在命令你，速速归队！"经过89个小时搜救，7月26日15时40分，救援人员在距离落水处近10公里远的贺兰县金山村北侧蓄水池内找到了王永良同志的遗体。噩耗传来，各界群众无不为之动容。

7月28日上午，天空阴云密布，银川市殡仪馆门口摆满了花圈，宁夏回族自治区公安厅、银川市、西夏区有关领导及宁夏五地市公安机关民警、辅警代表，解放军、武警、消防官兵，以及王永良同志生前亲朋好友、自发前来悼念的社会各界群众1600余人为王永良同志送行。拄着拐杖，镇北堡镇党委书记司应源赶到王永良的追悼会。7月18日处理汛情时，他的脚趾意外扭伤，粉碎性骨折。原本应该好好休养的他，7月22日发生山洪时，奔波于各个险点应急指挥。"他是我们镇上的辅警，无论如何，我要赶来送他最后一程。"银川英才学校的初三毕业生周畅捧了一小盆菊花自发前来吊唁，她说："这样的英雄，值得我们敬仰！"

"认识18年，没想到这样一个好人，就这样走了。"华西村村民张荣江不断从口袋里拿出纸哭着说，自己和王永良是甘肃静宁老乡，2000年到华西村后，就认识王永良，这18年里，王永良非常照顾他们一家，在他出事的前一天，两家还在一起吃饭，一转眼，人就这样走了。

三、初心不变，尽忠职守护安宁

1968年出生的王永良，是武警新疆总队退伍的一名老兵，自2002年起，在宁夏银川市西夏区公安分局镇北堡镇派出所担任辅警，这一干就是16年，被称作是派出所的"活地图"。他熟悉每家每户情况，处理矛盾纠纷，大家比较信服，村上人不管遇到啥事都喜欢和王永良说一声。

2016年夏天，镇上的一名中巴车司机打电话告诉正在上班的老王，在开车经过新小线赛马水泥厂路段时，看到路边有一个妇女把自己和儿子用铁丝绑着，挺危险的。人命关天的事，不能耽搁啊！老王马上将情况告诉了所里值班民警。由于该地段属于贺兰山西路派出所辖区，离镇北堡派出所也有20多公里，但相比贺兰山西路派出所要近一些，值班民警立刻带着王永良赶了过去。事后一了解，原来妇女因有精神疾病，情绪失控，意图用铁丝将仅两岁的儿子和自己都勒死，因为王永良他们及时赶到，拯救了两条生命。据所里民警讲，后来这名妇女被家人接走，病情也渐渐好转，还在镇上开了个商店，生活趋于平稳。

16年来，王永良陪走了一茬又一茬的民警、辅警，所里的民警、辅警在工作和生活上遇到难事都乐意向他请教，就连局领导来所里检查督导工作也不忘听听他的建议。

2015年8月21日凌晨5时，陕西省定边县公安局民警来到镇北堡派出所办案，请求派出所对一起隐藏在辖区的犯罪嫌疑人张某协助抓捕。张某可能隐藏在炮营农场的亲戚家，附近有上百户村民，排查工作量很大。凭着"陕北人""陕北口音""张某""一个月前"等信息提示，王永良只身来到炮营农场，仅仅用2个小时，不但排摸出了张某的投靠住处，甚至连他干活的地方也打听到了。王永良不惧危险，主动带领民警去金山村的玉米地里进行抓捕。正在地里干活的张某看见几名陌生人慢慢向其靠近时，迅速躲进玉米地。王永良和民警紧密协作，包围圈逐步缩小，突然，张某拿起锄头想要进行反抗，王永良冲上前去夺过锄头把，另一名民警将张某扑倒在地，干脆利落地将其抓捕，整个过程用了不到3个小时。

2018年5月23日，有一帮赌博团伙流窜到镇北堡镇上，潜藏在贺兰山下一所废弃的外景拍摄棚地里，他们行踪隐秘且反侦察能力极强。派出所获取消息后，立即开会制订抓捕方案，可这陌生的地形，四周又十分偏僻空旷，无疑为抓捕行动增加了难度。此时，王永良当场拿出纸笔，熟练地绘制出附近的地形图来，派出所立即将警力分成5组，凭借着王永良手绘的地形图成功抓获了全部赌博分子，非常圆满地完成了抓捕任务。回到所里，王永良又跟着大家一起通宵熬夜、审讯嫌疑人，他知道自己做不了材料和纪录工作，就做一些力所能及的事情，帮忙看管嫌疑人，给加班的同事们做宵夜，和同事们一起忙忙碌碌地整整工作了30个小时没合眼。

仅2017年，王永良同志就参与侦办刑事案件6起，办理治安案件48起，调解矛盾纠纷250多起。

四、坚守初心，忠诚为民显情怀

王永良深深地热爱着自己这份职业，他曾不只一次跟自己的妻子王小梅说过他喜欢警察这个工作，真心觉得能在自己家门口干自己喜欢的工作，和街坊邻里打交道，解决老百姓家长里短的烦心事，是自己最大的福气。

户籍警刘洪谈起王永良时，嘴角挂着柔和的笑，眼角却流出惋惜的泪。2013年，镇上换发二代身份证，居民李刚虽已成年却因为智力缺陷迟迟没有办理，没有身份证就办不上镇里的其他补助，这可让刘洪伤透了脑筋。王永良得知后，带着刘洪来到李刚家里，想在家里为他照一张证件照，可李刚就是不配合，几个人费了九牛二虎之力才让李刚坐在凳子上，叛逆的李刚一直扭来扭去，刘洪拍了半个小时也没有拍到一张合格的照片，心急如焚，情绪也急躁了起来。这时王永良一面安抚刘洪，一面跪倒地上，用整个身子按住李刚，帮助刘洪拍到了一张合格的证件照，这件事情让刘洪难忘不已。

那一年刚好赶上区域重新划分，原芦花乡划归了镇北堡镇。前任所长王利永记得，王永良骑着摩托车一趟一趟地往村里送新办的身份证，那段时间老王的脸晒得隔三岔五就掉皮。教导员郑建卫也清晰地记得，2017年5月26日，他和王永良开车巡逻时，在路口看到一位年过八旬的老人独自徘徊。王永良一眼望去就判定老人不是镇上的居民，觉得有些蹊跷，便停车上前询问。老人只说坐公交车迷路了，家在哪儿也不知道。王永良先安抚住老人的情绪，后在老人身上发现了一张公交卡，上面写着老人的年龄和名字，立即通过名字多方打听，最后联系到老人的家属，得知老人得了老年痴呆。郑建卫和王永良开车把老人送回了家，获得了家属一连串感谢之声。

住在王永良家隔壁的书记是1999年后搬到镇上的，而且和老王是甘肃静宁老乡，原先并不认识的两人却因为一件小事成了至交。当年夏天，书记在给自家的小麦地里淌水。由于田边的水渠是用沙土垒砌的，湍急的水流很快将渠坝冲出一个豁口，眼看刚种的种子要被冲跑了，书记一锹一锹往豁口里填土，但根本无济于事。正在自家地里淌水的王永良看到这一情况，急忙赶了过来，索性一屁股坐到了豁口里，让书记赶紧找塑料袋往里装土，这才堵住了豁口，保住了庄稼。一来二去，两人变成了无话不谈的近邻，下班后没事便在一起聊天。"他手机从不关机，因为喜欢帮助别人，大家有什么事都找他，一有电话，他就说'你先等着，我马上赶过去'。"

2015年7月，邻居杨自江将刚榨完油的一袋袋油渣饼装堆放在家里的车棚门口，就下地干活去了。但是因为周边环境温度升高，迅速引起了自燃。没多久，在家休息的王永良便隐约闻到了一股焦糊味，出来一看，发现杨自江家里冒起了黑烟。"坏了，肯定是着火了。"王永良急忙一边打电话叫书记来帮忙，一边从自家院墙翻过去，让家人隔着院墙一桶一桶递水。因为抢救及时，火很快扑灭了。当看到车棚旁边还放着四五桶柴油的时候，书记心有余悸地说："太危险了，要是柴油着了，你跑都跑不了。"王永良却说："当时根本没考虑这些，就是想赶快把火浇灭。"

五、艰苦朴素，热心助人诉衷肠

王永良同志家境贫寒，家里6口人的开销全部依靠他每月2000元出头的工资维持，为了节省开支，他很少舍得为自己添置衣物，每个月的花销从不超过300元，一件退伍时的军装，王永良穿了16年！儿媳妇给王永良买了双新皮鞋。王永良视如珍宝，放在鞋柜里整整一年了都舍不得穿。基层辅警，人少事多，待遇微薄，但即使如此，王永良在面对困难群众时，还是一腔热忱，慷慨相助！

2016年6月份的一个早上，华西村十字路口有一些群众围在一起，王永良见状上前，群众说有女骗子在骗人。经过了解得知，该女子家境贫寒，独自从吴忠市的家中来到镇北堡镇打工，身上所带的钱物不多，因没赶上招工时间，只能向过路群众借钱坐车回家。王永良一听，二话没说，从自己兜里拿出100元给了女子，让她坐车回去，并叮嘱她路上注意安全。他向周围人说："她是不是骗子我不知道，但是我觉得我们应该积极帮助有困难的人，而不是去质疑。"

镇上有一些孩子自幼父母离异无依无靠，便误入歧途，经常做一些小偷小摸的事。王永良对他们十分上心，用自己不多的工资给他们买球鞋，买吃的，循循善诱地教导他们悬崖勒马。转眼间，看着这些孩子都已长大，走向正途，能够自食其力，王永良别提多开心了。社区民警蔡庆生回忆说，王永良每次出警，包里都会带着一个熬茶罐和几个馒头，到了老乡家里，在火炉上熬着苦茶，和老乡一起啃着馒头，为他们调节矛盾，化解内心的郁结。他发自内心地跟乡亲们喝到一块，吃到一块，说到一块，想到一块。在镇北堡镇，只要王永良出马，多棘手的矛盾纠纷都会大事化小、小事化了，群众都热情地叫他"老王警官"。

王永良的长子王平安是西夏区一名禁毒警务人员，回忆起父亲的工作往事，他说："这些年，父亲带过的'兵'不少，记忆里全是他一天到晚忙忙碌碌不知疲倦的身影，父亲是我最尊敬的人，他为人敦厚，正直善良。从小受他的影响，我一直想从警，和他一样为老百姓服务！"

在王永良的熏陶和教导下，2015年6月，王平安被西夏区禁毒委选聘为禁毒专干，从事禁毒宣传、康复人员帮教等工作。2018年6月，他被西夏区禁毒委申报推荐为自治区"十佳禁毒工作者"候选人。

"辅警也是警，能像父亲一样实实在在地为社会作点贡献，为群众服务，就体现了我们最大的价值！"王平安说。

王永良同志凭着对公安事业的喜爱和一腔热忱，用自己的负重前行照亮岁月静好，就算生活艰难，他还是一干就是16年！英雄无畏！王永良同志用视死如归的英雄气概，以不畏牺牲、挺身而出的实际行动，生动践行了新时代"人民公安为人民"的忠诚誓言！书写了一曲基层公安辅警"对党忠诚、服务人民、执法公正、纪律严明"的时代赞歌！

镇北堡派出所所长记王永良事迹

镇北堡派出所所长 张和平

2018年7月22日傍晚，银川市西夏区镇北堡辖区贺兰山东麓突发暴雨，值班民警郑建卫立即带领辅警王永良赶往事发地点，一路上郑建卫一边仔细查看水情，并将情况及时反馈局领导和所领导，一边电话联系镇北堡镇政府调用大型铲车及挖机上山抗洪。

因水势又大又猛，镇苏路有多处被山洪漫过，考虑到群众的生命财产安全，郑建卫和王永良不顾沟深水急、迎难而上，不幸被迅猛的洪水扑倒冲走。

23日凌晨3时40分左右，郑建卫在被冲离十几公里外的贺兰县金山村的北侧蓄水池内找回，其身体多处软组织受伤，膝盖韧带断裂，无生命危险。

7月23日至7月26日15时30分，全市各救援力量在四天四夜的努力下，王永良的遗体在贺兰县金山村的北侧蓄水池内被找到并打捞上岸。

在那样一个难以预料的瞬间，永良同志的生命永远地坠落了。作为永良的同事和领导，我无法用语言来描述当我得知永良遗体被找到时的巨大悲痛，我将永远无法释怀失去永良同志这位亲密战友的难过与哀伤，我能做到的是：我会用尽生命将永良同志的先进事迹和高尚品德向身边的人叙述和传唱……

永良的一生非常简单，从军、务农、入警，他生于1968年10月11日，1984年10月至1989年5月在武警新疆总队服役，先后任战士、副班长、班长，退伍后他回到家乡，娶妻、生子、务农。

1996年，永良举家自发移民至银川市西夏区镇北堡镇德林村，满怀着对美好生活的憧憬踏上了镇北堡镇这片广袤的热土。

1999年11月，他被镇北堡镇政府聘用为治安联防队员。

2002年11月，从镇北堡派出所成立伊始，他便开始在该所担任辅警一职，至今已从事警务工作达16年之久。

永良对公安事业无比热爱，作为一名辅警，却和正式警察一样爱岗敬业、勤勤恳恳，在百姓危急时用生命和鲜血书写着"始终坚持全心全意为人民服务"的宗旨和誓言。

他的群众基础非常扎实，长期以来，他深入基层一线，了解群众的疾苦，主动帮群众解决困难。在镇北堡辖区，只要永良出马，无论多么麻烦的警情，都非常地好解决，群众都热情地叫他"老王警官"。因此，在镇北堡派出所里，治安民警出警时都爱带上他，社区民警下社区时也爱带着他，全所民警、协警在工作或生活中遇到困难险阻常常请教他，就连局领导来所督导工作时也会时常提起他。"王永良"这个名字已经被很多人所熟知，辖区内老百姓都很喜欢他。

我是2016年5月23日根据组织安排，到镇北堡派出所担任所长一职的，我能够很快地熟悉辖区情况，尽早地投入到工作中离不开永良的帮助，在我刚到所里的那段时间，永良陪着我把整个辖区走了一遍，他告诉我说：哪里的人员要复杂一些，哪个景区的人流量会大一些，哪里的警情会多一些，甚至哪家的邻居爱拌嘴，哪家的夫妻爱吵架，哪家孩子不好管，永良都能娓娓道来。所里的厨师请假了，我跟永良说："你看能不能找个人来顶两天？"永良会说："不用找了，我来做。"所里的办公设施坏了，我跟永良说："你去镇上找个修理工吧？"永良会说："不用找了，我能修。"

无论多少闲杂琐事，永良他总喜欢抢着干，十六年来如一日。每天早上都是永良第一个来到单位，主动打扫卫生，为全所同志创造干净清洁的工作环境；永良同时始终保持着曾经在部队当兵时的优良作风，他的被子每天都像豆腐块一样整齐，是所里响当当的内务标兵。他为人真诚、性格开朗，总是欢声笑语，为大家营造着愉快的工作氛围。站岗值勤、治安巡逻、救助群众、排查隐患、化解纠纷、入户调查，在镇北堡镇辖区随处都能看见他勤劳的身影，到处都有他踏过的足迹。永良同志竭尽自己的智慧和勤劳，为公安事业贡献着自己的一份力量，用自己的实际行动诠释着人民警察的铮铮誓言和永恒不变的为人民服务的宗旨。

2016年7月11日，银川市四名大学生从贺兰山插旗口上山探险，到7月13日晚上，因家属无法联系到他们而报警求助，按照指令和部署，镇北堡派出所、西夏区分局巡防大队抽调精干警力组成救援队，永良因对山区较为了解，毛遂自荐也参加了这次救援行动。14日凌晨2时左右，我带着永良和另一名辅警伴随着西夏公安救援队开始徒步向贺兰山深处进发，因被困大学生所处的被困地点敖包圪垯距离插旗口有十多公里远，且山路崎岖不平，乱石较多，加之雨后湿滑，更加难行，为了保持体力，确保成功搜救到被困的四名大学生，永良轻装前行，仅带了两瓶矿泉水和两个白饼子。

十余公里的山路行进了十余个小时，永良的小腿被荆棘和乱枝划出了一道道的伤口，可他并不觉得痛，也不觉得累，反而安慰起身边早已困倦和疲惫的同志，他高歌《军中绿花》来舒缓队员们疲惫的身躯。那一天，从徒步进山搜救，到搜救成功，再到徒步出山，当时已48岁的王永良同志跟20多岁的小伙子们在崎岖的山路中行进了34公里。但自始至终，他也不说困、也不喊累，他一直在默默地坚持着，这是他自己本身所具备的坚强意志，同样也是我们崇拜的楷模。

2018年3月16日，镇北堡镇华西小学四年级小学生丁某某，在课外活动时与同班四名小朋友在玩耍的过程中，造成手腕骨折。因后续在医院产生的医疗费用，丁某某的父亲丁某齐在跟华西希望小学及四名学生家长协商不成而引发矛盾纠纷，最终此事还闹到了西夏区人民法院，法院调解未果后，丁某齐一纸诉状将华西小学及四名学生家长告上法庭。

永良了解此事后，为了防止不必要的治安隐患发生，立即将情况汇报给所领导，6月8日上午10时左右，在我所社区民警和永良同志的积极组织下，丁某齐、华西希望小学代理人及四名学生家长坐在了镇北堡政府调解室，在调解的过程中，永良一直在积极安抚丁某齐等人的情绪，耐心对华西希望小学代理人及四名学生家长做思想工作，并对此纠纷进行了劝说和引导。

在社区民警和永良同志长达两个小时的努力协调下，丁某齐和华西希望小学终于达成协议，华西希望小学及其他四名学生家长一次性支付给丁某齐各项费用2700元。至此，在社区民警和永良同志调处矛盾纠纷过程中始终坚持公平公正处理，通过讲法理、说情理、通事理，有效化解了家长与学校之间的矛盾纠纷，同时增进了警民之间的沟通交流，得到了当事人更多的理解和支持。

2018年5月中旬，我获取一条线索：在镇北堡辖区有几个固原籍人员组织社会闲散人员聚众赌博，并雇用当地一辆11座面包车，在我辖区固定地点固定时间段将召集来的参赌人员集中安排乘车，送至事先选好的参赌地点，赌博时间一般在下午15：00至18：00。参赌地点十分隐蔽和偏僻，东有防洪沟、北有小树林、西边是极为开阔的大荒滩，参赌地点的周围分布了很多明暗岗哨，不仅抓捕工作困难，连摸排访查都无从下手。

永良不但是镇北堡派出所的老同志，更是镇北堡镇的老村民，他对辖区地形、方位极为熟悉，他知道我的难处后，主动绘制了一份参赌地点的详细草图，并带着我多次到窝点周边秘密摸排访查，很快我们查明了来往人数及明暗哨人员。

又过了几天，我和永良摸清了参赌人员和明暗哨人员的活动规律。2018年5月23日下午，根据我和永良前期掌握线索的推断，聚众赌博团伙在镇北堡振兴路东侧一废弃影视剧棚再一次进行赌博。

我立即请示分局领导，17时30分左右，在分局巡防大队配合下，我带领第一组队员迅速将停在距赌场一公里处运送参赌人员的面包车截获，并成功抓获放哨人员后，又利用面包车开进赌场包围参赌地点，并当场抓获用骰子以"摇碗子"押单双的方式进行赌博的涉嫌赌博嫌疑人46名。

整个抓捕过程，已经50岁的永良同志总是冲在最前面，毫无畏惧，鼓舞了全体参战民警和协警。因该案涉案人员较多，办案程序复杂，全所民警、辅警攻坚熬战24小时，永良同志一刻没有合眼，忙前忙后，协助民警看守嫌疑人，清理所里的卫生，保障所有人员的饮食等，特别是因王永良同志是本地人，通过心理谈话让嫌疑人顺利地配合公安机关的工作，使办理案件的进度大大缩短。我顾及永良年龄较大，再加上熬了这么长时间，就让永良赶紧去休息，但他却主动要求将嫌疑人送到拘留所后再休息，送完人后已经是第二天的深夜了。

永良同志虽然永远地离开了我们，但是他的英雄精神将时刻激励我们，我们将带着他的梦想继续负重前行。

王永良同志抗洪抢险救灾先进事迹报告

王永良长子 王平安

2018年7月22日19时，银川市北部贺兰山沿山地区突降暴雨。而这一天，正好是我父亲值班的日子。当晚，作为镇北堡镇政府的一名职工，我和其他同事一起参与到洪水来临前群众的转移工作中。

那一晚20时40分左右，家人纷纷收到父亲发来的洪水小视频。家人没有预估到洪水的严重性，只是回复他注意安全。21时过一些，我的母亲接到父亲的视频聊天，他在视频那头说："雨太大了，山上洪水要下来了，你们注意安全。"没想到这竟成了父亲与母亲的最后一次对话。

晚上22时许，我接到镇北堡派出所的电话，父亲与另一名共同出警的民警失联。我和家人陷入焦灼。我独自一人寻遍贺兰山，山上参与搜救的官兵不知道我是谁，只说我不要靠近危险地带。一夜的搜寻，茫茫的洪水、无边的黑夜和冰冷的雨水让我一步步陷入绝望，却又不想放弃任何一丝希望。第二天天亮了，搜寻依然无果。第三天，我已经没有勇气与力气再次踏上父亲失联的土地。而这几天，我的母亲和其他家人的内心都饱受摧残。直至第四天下午，父亲的遗体被寻找出来，家人的心情十分沉痛，但也因为有了一个悼念父亲的去处而尚存一丝安慰。

7月28日上午9时许，我的父亲王永良同志追悼会在银川市殡仪馆举行。自治区公安厅有关领导及各部门主要负责人，银川市公安局党委班子成员、银川市人民检察院干部代表，西夏区委、人大、政府、政协有关领导及干部群众，五市公安机关民警、辅警代表、解放军、武警、消防官兵、父亲生前亲朋好友，以及自发前来悼念的社会各界群众共1600余人到场追忆父亲的先进事迹，怀着沉痛的心情为我父亲送行。

父亲的骤然离世给我们带来巨大悲痛，然而，身为他的儿子，悲痛之余，我从此次父亲英勇献身的事件中得到的还有许多深深的触动，百感交集。在我父亲失联期间，自治区、银川市和西夏区各级领导密切关注着父亲的去向与安危。各级政府出动了大量人力物力对我父亲进行了全力搜救。人民日报、央视新闻、南方都市报、澎湃网、新京报等媒体都对此次事件给予了密切的报道。虽然失去了父亲非常痛苦，但是因为有党和政府及社会各界的关怀帮助，作为亲属，我们感到了些许温暖。

父亲已经离开数十天，母亲度日如年，以泪洗面，有时恍惚之间感觉父亲去上班了，下班时间还会回来；而我走过父亲曾经走过的每个地方，都会想起他曾经在这里和我们度过的时光，细数他短暂的一生留给我们的记忆和教诲。父亲和母亲年轻时是自由恋爱结婚，常常给儿女们讲起当初二人从认识到执手发生的点滴故事。几十年的相守里，二人没有吵过架动过手。因为家里凡事都有父亲操心，且安排得面面俱到，在父亲的庇护下，母亲一直过着单纯幸福的生活。

几年前的一次车祸让母亲卧床半年，父亲对她寸步不离地照顾了半年。虽然后来母亲恢复得比较好，生活倒是能自理，但从此落下了严重的腰疾。

这次车祸之后，父亲更加珍惜母亲，生怕母亲再有何闪失，并且常常教导我们要爱护母亲，生活中多一些理解和包容，谁曾想，他竟然这么突然地提前离开了我们。

父亲经常教育我和弟弟做人做事的道理，并且用自己的一言一行在潜移默化中为我们树立了很好的榜样。他待人谦逊诚恳，尊老爱幼，团结邻里，谁家有难都会力所能及地提供帮助。对待亲人朋友充满关心呵护，做事永远替别人多考虑一分。父亲虽然离世了，但他为我们留下了宝贵的精神财富，我要把父亲留下的精神当作一生的财富激励自己前行，教育子孙后代。

一、 我要学习父亲在危难时刻不畏艰险、为了群众的安危迎难而上的精神

父亲的从警生涯中，经历过多次危难时刻，某年冬天在固原执行完抓捕任务返回途经六盘山时，因为下雪天道路太滑，导致父亲所乘车辆打滑，驶出公路撞到防护栏，那次幸好只是受伤。经历这次危险后，父亲没有对工作出现丝毫退缩，一如既往地奔赴各种任务的第一线。而每次经历过危险，家人在经历担惊受怕后都会感慨父亲的福大命大。在此次"7·22"抗洪救灾中，他为了大家的安危，不顾个人的安危，冲到抗洪第一线，最终献出了自己的生命，让我悲痛之余也深深触动。

"人固有一死，或重于泰山，或轻于鸿毛"，"有的人活着，他已经死了；有的人死了，他还活着"……看到网友们对此次事件的评论，我知道，父亲永远活在了世人的心中。我为拥有这样一位父亲感到由衷的自豪，我要学习父亲这种关键时刻先公后私、舍小家为大家的崇高精神，懂得识大局、知大体，永远把人民利益放在第一位。

二、学习他从警生涯中十六年如一日的敬业精神

父亲从警的十六年里，工资从400多元逐渐到2000多元，虽然贴补家用一直显得些许紧张，但父亲从没计较过待遇的多少，更没有因为辅警与民警的编制差异对工作有过一丝懈怠，始终对工作勤勤恳恳、兢兢业业。

多少个家人已经熟睡的深夜和凌晨，已不是青壮年的他还拖着疲惫的身躯在外执行任务；多少次刚端起饭碗或刚焐暖被窝，父亲就因接到紧急电话不由分说地奔赴现场。而我作为一名基层禁毒专干，工作中一直把父亲当成自己默默学习的榜样。

我在工作中任劳任怨，努力做好本职工作的同时，不忘帮助其他同事完成工作。在每年雨季洪水来临之时，我都积极参与到灾区群众的转移安置工作中。今年父亲出事当天，我整晚都在镇上搜寻救助受困群众。父亲走后，同样身为一名基层辅警的我定当继承父亲的遗愿，完成他未竟的事业，将自己的青春汗水播洒在为国家奉献、为人民服务的热土上。

三、学习他生活中先人后己、乐善好施的无私精神

父亲对家人充满关心呵护，对邻里乡亲也抱着满腔热忱。他在工作时恪尽职守，做好本职工作，在工作之外，便是乡亲们的"百事通"，他常常竭尽所能帮助有困难需要解决的群众。有一次，在街上遇到一个找工作未果没钱乘车的妇女，父亲掏出一百块钱给她乘车。助人的事情做得多了，乡亲们都很信任他，凡事也喜欢找他帮忙，他不知参与了多少次纠纷调解，化解了多少邻里矛盾。因为人缘好，大家都听他的劝，

多大的矛盾纠纷有他在场都能迎刃而解。我要学习他这种精神，照顾好家人，团结邻里，团结同事，换位思考，凡事始终坚持先人后己，做一个处处为他人着想的人。

四、学习他热爱生活、永远充满朝气的精神面貌

虽然父亲平日里工作繁忙，但这丝毫不影响他学习和培养发展他年轻时就形成的广泛兴趣爱好。几十年间，他对唱歌、唱秦腔、拉二胡、打篮球等文体活动的热情始终不减。

知道他喜爱吹拉弹唱，2017年冬天，我为他选购了一支笛子、一把二胡，正月里他便相邀了几个爱好秦腔的好友，你拉我弹，他拿着话筒抑扬顿挫地唱起了秦腔。

不管有没有节假日，过些时日，父亲总会和朋友一起相约小聚，高歌几曲，直到今天，我们手机上还保留着父亲录制的《军中绿花》《西口情》等曲目，父亲出事的几天前，还曾在小区篮球场上同几个年轻小伙子打了会儿篮球，当时母亲还为他拍下了小视频。

正是坚持这些兴趣爱好，使他不管遇到多少生活的坎坷，都始终保持着乐观向上、积极热情的精神面貌。从小到大，我几乎没有见过父亲愁眉苦脸的样子。

五、学习他勤俭节约、抱朴守真的朴素精神

父亲一生勤俭节约，一件衣服一穿就是好多年，常常是耐不住母亲的念叨才同意去为自己买一件新衣服；从不追求时髦，一年四季只穿一双皮鞋。儿媳在年初为他买的皮鞋他直到出事那天还未舍得穿。他对自

己"一毛不拔"，对家人衣食住行的花销却很少吝啬，但仍然从小教育我和弟弟要勤俭节约，养成良好的生活习惯和消费习惯。

父亲虽然离世了，但他为我们留下了宝贵的精神财富。这些不但激励我们这一代，更会不断激励后世的子孙，激励着我们学习他先公后私、先人后己的奉献精神，学习他乐善好施、豁达乐观的人生态度，学习他孜孜不倦为人民服务的一片热忱，学习他踏实履职的敬业精神，在平凡的角色中认真生活，在平凡的岗位上努力工作，做一个无愧于心、无愧于家人、对国家对社会有积极贡献的人。

附录三
媒体报道选录

党建网：

英雄辅警王永良：人民公安为人民

"王永良！被困群众已全部安全转移，现在命令你，速速归队！"

"王永良！任务完成，请速速归队！"……

一声声呼喊，一声声期盼，还是没能唤回在解救被困群众过程中不幸被洪水卷走的宁夏银川市西夏区公安分局辅警王永良。

7月22日晚8时至23日晨6时，宁夏贺兰山中北段突降大暴雨。强降雨在贺兰山上摆动了几个来回，把银川平原反复浇了许多遍，暴雨引发贺兰山东麓沿线多条沟道发生洪水，最大洪水流量达到每秒1500立方米，洪水持续时间长、范围广、量级大，降水过程刷新了宁夏有气象观测记录以来的日降水量极值。

"呼叫镇北堡派出所！在贺兰山滚钟口与苏峪口路段有辆越野车被山洪围困，请立即救援。"7月22日晚8时左右，银川市公安局110指挥中心发出指令，早已整装待发的镇北堡派出所教导员郑建卫和辅警王永良跳上警车，冲进雨雾。

行驶至距离贺兰山滚苏路和镇苏路交叉路口不到1公里时，洪水增大，水流湍急，夹杂大量泥沙。郑建卫将警车停在路边，下车步行，踩试地面，发现地势低洼，不宜通车。

郑建卫立即上车向指挥中心和带班领导报告，同时跟镇政府指派的大型挖机救援部队联系。王永良不停拨打报警群众的电话，不断提示他们到地势较高的地方应急躲避。

洪水越来越大，在接到指令后，郑建卫和王永良继续前往其他地方共同处置另一起求救险情。此时，道路被完全淹没，洪水冲击大量泥沙石块，不断击打警车，寸步难行。郑建卫忙用手机录了一段现场情况的小视频发到分局工作群中，险情已经无法让他们继续行进了。

雨量不断增加，洪水不断上涨，猛浪已经冲到车窗，警车车身开始剧烈晃动，随时都可能被冲翻。就在此时，郑建卫和王永良注意到前方四五十米左右停着一辆皮卡车，但无法确定车内是否有被困人员。

在洪水的冲击下，皮卡车仍在缓慢前移。前方不远处就是无路桩段，再向前就是洪水肆虐的山沟！二人果断决定上前营救，郑建卫和王永良迅速戴好救生圈，徒步涉水前进。

他们几经周折终于靠近皮卡车，此时洪水已齐腰，郑建卫猛地爬上车厢，在确定车内无被困人员后，挥手向王永良示意。就在郑建卫挥手的一刹那，一股猛烈的洪流将皮卡车打翻，郑建卫和王永良一起被卷入洪水中。

被湍急的洪流卷着翻滚两个多小时后，筋疲力尽的郑建卫隐约看到不远处有个大土丘。洪水也相对平缓了许多，郑建卫挣扎着爬上土丘，已是奄奄一息……

3个多小时后，郑建卫被救援人员发现并转移至医院救治，而王永良却不见踪影。

7月28日上午，王永良追悼会在银川市殡仪馆举行。800余名民警参加追悼会，社会各界人士和西夏区镇北堡镇的村民们自发前来，排起长长的队伍，送英雄最后一程。公安部发来唁电表示："王永良同志用宝贵的生命维护了人民幸福和社会安宁，践行了'人民公安为人民'的庄严承诺，是公安警务辅助人员的杰出代表。"

综合新华社、中国文明网等整理：

王永良的感人事迹

1984年10月至1989年5月，王永良同志在武警新疆总队第二支队十一中队服役，先后任战士、副班长、班长，由于表现突出被所在部队4次嘉奖。1999年11月至2002年10月，在银川市公安局原郊区分局芦花乡派出所从事治安联防队员工作；2002年11月至2018年7月，在宁夏银川市公安局西夏区分局镇北堡镇派出所从事辅警工作。2018年7月22日，在抗洪救灾过程中，不幸被洪水冲走失踪，经连日全力搜救于7月26日16时许确认英勇牺牲。

王永良同志在镇北堡派出所成立之前便已经是一名辅警，他十八年如一日，始终以一名共产党员和正式民警的高标准严格要求自己，坚持把"人民公安为人民"的忠诚誓言践行在主动关心群众疾苦、真挚解决群众困难上，无论多么复杂的矛盾纠纷，只要王永良出马都能快速解决，镇北堡群众都热情地称呼他"老王警官"。王永良同志用实际行动赢得了人民群众的信赖，他把最多的精力投入到了工作中，唯独把最少的时间留给了自己和家人，生命的最后一刻，他连给家人告别的电话都没来得及打，就随着洪水消逝在苍茫的大地和夜色中。王永良同志牺牲

来源搜狐号：银川发布。

后，国务委员、公安部党委书记、部长赵克志要求全国公安民警、辅警学习弘扬王永良同志的英雄事迹。

一、负重前行，抗洪救灾显本色

2018年7月22日，贺兰山东麓中北段突降暴雨，暴雨持续到23日6时，暴雨引发了贺兰山东麓沿线西夏区、贺兰县以及石嘴山市平罗县、大武口区多条沟道发生洪水，最大降雨量出现在贺兰山苏峪口，达到277.6毫米，拜寺口沟最大洪峰流量达到400立方米/秒，为百年一遇洪水，洪水持续时间长、范围广、量级大，造成沿线地区12.49万亩农作物被淹，299栋温棚受灾，1.6万亩水产养殖受损，4465头畜禽死亡，2370平方米圈棚损毁，120公里沟道堤防护岸、54处渠道建筑物、18.3公里渠道等设施不同程度损毁，13处桥涵及19公里道路不同程度受损，初步统计造成直接经济损失1.69亿元。暴雨出现后，宁夏回族自治区党委、政府高度重视，迅速启动防汛二级应急响应，区、市、县三级多部门紧急出动，及时转移受洪水影响地区的群众5200余人，将围困在贺兰山的21名游客转移到安全地带。

当日晚上20时，乌云密布、电闪雷鸣，暴雨致使镇北堡派出所辖区镇苏路、滚苏路、振兴路及贺兰山东麓沿山一带出现严重灾情，一米多深、近百米宽的山洪铺天盖地，卷裹着大量碎石、泥沙冲击而下，贺兰山附近的几条重要交通干道严重受阻。20时14分，镇北堡派出所接到一条群众被山洪围困的求助警情后，王永良主动请缨："郑导，贺兰山沿线环境我最熟悉，请带上我！"

随即，郑健卫带领王永良立即赶往事发地点，行驶至距离滚苏路和镇苏路交叉路口时，由于道路地势低洼，约120米宽的山洪犹如巨浪骇涛，卷裹着大量碎石、泥沙顺势而下，警车无法通过。郑建卫只能将警车停在路边，准备下车徒步前往救援，但车内携带的救援设备又有限，怎么办？危急时刻，郑健卫决定让王永良在岸边负责接应。"郑导，不用管我，我可以！"，王永良不顾劝阻，毅然与郑建卫一同冒着被洪水卷走的危险，涉险救援。但由于洪水迅猛，他们多次尝试通过都没有成功，郑建卫立即将情况上报分局指挥中心和带班领导，同时指派镇政府参与救援的大型挖机与救援部队会合，王永良联系指挥被困人员前往地势较高地方，在安置好被困群众后，雨势依旧很大。救助信息越来越频繁，大约有6辆车、10多名受困群众等待救援，情况危急，按照分局领导指示，郑建卫和王永良立即赶赴其他地方。

20时49分，沿着镇苏路行驶了4公里左右时，暴雨夹杂约2厘米左右冰雹突袭而至，降雨量迅速增加，山洪水位瞬间涨至半米多深，郑建卫立即将现场视频发送到分局工作群。看到视频的王新明副局长立刻拨通郑建卫电话，王新明副局长从郑建卫紧张的语气中意识到了事情的严重性，加速赶往现场。

接完电话的郑建卫发现前方东侧四五十米左右停着一辆亮着车灯的皮卡车，皮卡车在洪水中缓慢前移，路边路桩早已被洪水冲走，路基塌陷，不远处就是山沟，万一车内有被困群众后果将不堪设想，郑建卫和王永良迅速穿戴好救生圈，准备靠近皮卡车查看情况。21时20分，近百米宽、深及腰部的洪水包围了警车，碎石犹如一把重锤直冲而下，郑建卫和王永良随时都有可能被碎石击成重伤，随时都面临着被卷入洪水的危险。

"永良，你在车上接应我，我一个人去。"郑建卫劝阻准备下水的王永良。想到群众的生命危在旦夕，王永良斩钉截铁地说："郑导，不用担心我，我有经验！我们一起去。"说完他便毫不犹豫与郑建卫一起扎入洪水中。

洪水卷裹着碎石、泥沙湍急而下，郑建卫和王永良连保持站立都异常困难，几波猛浪袭来，他们险些被卷走，只能使尽浑身力气向前缓慢挪动，鞋里塞满的碎石子只要一用力就刺得脚掌生疼，但他们还是一步一步艰难地靠近皮卡车，郑建卫爬上车厢，王永良负责接应。此时山洪流势再次暴增，郑建卫提醒王永良要小心，王永良答复："郑导，你放心，我能站住。"

突然，一股猛烈的山洪瞬息而至，"郑导，小心！洪水！"话还没说完，郑建卫连同皮卡车一起被卷入山洪，王永良随后也被卷入山洪。郑建卫被洪水卷袭漂流10余公里后，5个多小时后被消防官兵发现并解救，穿在身上的雨衣、鞋子不见了踪影，被碎石割成了一条条的裤子粘着鲜血紧紧地裹在腿上，眼睛里的沙子磨得眼眶泛红肿胀，身上多处软组织挫伤，膝盖积液，肌腱断裂，腰部受损。王永良下落不明……

二、浩气长存，英雄事迹动天地

王永良失联后，宁夏回族自治区、银川市、西夏区组织武警、公安、消防和社会各界救援力量，开展了一场生死大营救。四天四夜，区市党委、政府和广大公安干警不放过一丝希望，全国200多万民警通过微博、微信等各种途径为王永良祈福："王永良，被困群众已全部安全转移，现在命令你，速速归队！""王永良，任务完成，请速速归队！"经过89个小时搜救，7月26日15时40分，救援人员在距离落水处近10公里的贺兰县金山村北侧蓄水池内找到王永良同志遗体，确认英勇牺牲。噩耗传来，各界群众无不为之动容。

鲜花献英烈，哀思寄忠魂。7月28日上午，银川天空阴云密布，仿佛老天也在为这位英雄哀悼。银川市殡仪馆门口摆满了花圈，来自社会各界人士、群众纷纷排起长队，他们表情凝重，早早等候在这里，送英雄最后一程。

宁夏回族自治区公安厅、银川市、西夏区有关领导及宁夏五地市公安机关民警辅警代表，解放军、武警、消防官兵，以及王永良同志生前亲朋好友、自发前来悼念的社会各界群众共1600余人为王永良同志送行。"让我进去，让我再看他一眼"，追悼会现场，一个在人群中拄着拐杖的男子，慢慢地挤出来，他是镇北堡镇党委书记司应源。"和老王打这么长时间交道，从来没红过脸，今天一定要送他一程，以后再没机会和他说话了。"

追悼会现场，"为民献身浩气长存，无私奉献英灵永在""抗击洪魔英雄无畏垂千古，心系百姓壮士柔情动天地"的挽联随风飘动，现场大屏幕不断滚动播放着王永良生前的点点滴滴视频。当天，共同执行任务的郑建卫还躺在医院里，妻子靳莉前来吊唁，从头哭到尾，跪在王永良的遗像前久久拉不起来。

除了公安武警，还来了很多群众，大部分是贺兰山下的乡亲们，还有几位自发来献花的群众，银川英才学校的初三毕业生周畅捧了一小盆菊花自发前来吊唁，她说："这样的英雄，值得我们敬仰！""认识18年，没想到这样一个好人，就这样走了。"华西村村民张荣江不断从口袋里拿出纸哭泣说，自己和王永良是甘肃静宁老乡，2000年到华西村后，就认识王永良，在这生活的18年里，王永良非常照顾他们一家，在他出事的前一天，两家还在一起吃饭，一转眼，人就这样走了。

现场，王永良妻子悲痛欲绝："老伴我来了，你能看见我吗？我们回家吧。"声音撕人心肺……

国务委员、公安部部长赵克志就此事作出批示："王永良同志为维护人民群众生命财产安全不幸壮烈牺牲，事迹英勇感人。请切实做好家属抚恤慰问等工作，组织开展好王永良同志事迹宣传报道，进一步激励广大公安民警、辅警不忘初心、牢记使命，全力做好当前各项工作。"

自治区党委副书记、银川市委书记姜志刚作出批示："向王永良同志因公牺牲表示哀悼，向其家属表示慰问，请市公安局、民政局做好善后和抚恤工作。"自治区政府副主席、政法委副书记、公安厅党委书记、厅长许尔锋作出批示："栋桥、永宁同志：惊闻辅警王永良同志在抢险救灾中壮烈牺牲，为了人民利益英勇捐躯，特表哀悼！感谢几天来武警官兵、公安民警、消防官兵、人民群众为搜救永良同志所做的艰辛努力！感谢各媒体朋友和各族人民群众对永良、对警察队伍的牵挂、关爱！因我在外地出差，请你们代表我向永良同志的家人表示慰问，妥善安排好后事及家人生活；区、市公安机关立即组织力量，整理事迹材料，做好优待抚恤褒扬工作！向英勇善良的战友致敬！"

公安部为此发来唁电，电文指出："惊悉你区银川市公安局西夏区分局辅警王永良同志，在抗击严重洪涝灾害、转移人民群众过程中，不幸于2018年7月22日被洪水冲走失踪。经连日全力搜救，于7月26日16时许找到王永良同志遗体，确认英勇牺牲，深感悲痛！王永良同志用自己宝贵的生命维护了人民幸福和社会安宁，践行了'人民公安为人民'的庄严承诺，是公安警务辅助人员的杰出代表！"英雄虽逝，精神永存！谨向王永良同志表示沉痛的哀悼，并向其家属致以亲切的慰问！

三、冲锋在前，骁勇善战护安宁

王永良同志走后，那顶漂浮在浑浊洪水中的警帽，如同一面镜子，映射出一个"警"字的崇高追求；那件沾满泥水的警服，闪耀着英雄不畏牺牲、英勇善战的光辉……

2015年8月21日，涉嫌伤害罪的犯罪嫌疑人张某一个月前可能潜逃到镇北堡镇亲戚家。凌晨5时左右，陕西省定边县公安局办案民警来到镇北堡派出所请求协助抓获犯罪嫌疑人张某。张某亲戚家住炮营农场或附近，有上百户村民，这使得办案民警的排查工作量很大。但是办案民警仅凭着"陕北人""陕北口音""张某""一个月前"等信息提示，王永良只身来到炮营农场，仅仅用两个小时，不但排摸出了张某的投靠住处，甚至连他干活的地方也打听到了。

王永良不惧危险，主动要求带领定边县公安局民警去金山村某玉米地里参与抓捕。正在地里干活的张某看见几名陌生人慢慢向其靠近时，迅速躲进玉米地。王永良和定边县公安局民警紧密协作，包围圈逐步缩小，突然，张某拿起锄头意欲进行反抗，王永良迅速抓住锄头把，另一名民警将张某扑倒在地，整个抓捕过程用了不到3个小时。

2018年5月中旬，几个外地人员雇用一辆面包车到镇北堡聚众赌博。为逃避公安机关打击，组织者与参赌人员约定好乘车地点和时段，统一送至事先选好的参赌地点。根据群众举报，为将这群不法分子一网打尽，所长张和平带着熟悉地形的王永良经过多日摸排访查，终于查明了来往人数及负责明暗哨的相关人员。

5月23日下午，派出所得到线索，在镇北堡振兴路东侧一废弃影视剧棚内，该团伙聚众赌博。所长张和平立即带领王永良将放哨人员抓获，随后迅速配合巡防大队将聚众赌博团伙46名涉嫌赌博嫌疑人全部抓获。因涉案人员较多，办案程序复杂，在抓捕结束后，王永良连续奋战近50个小时才协助民警办完案子，同事怕他年龄大身体会吃不消，劝他回家休息，但他都一一拒绝，硬是坚持办完案子才回家。

四、坚守初心，顶天立地好男儿

王永良同志家境贫寒，家里6口人的开销全部依靠他每月2000元的工资维持，为了节省开支，他很少舍得为自己添置衣物，每个月的花销从不超过300元，一件退伍时的军装，王永良穿了16年！他离开的时候，银川市公安局西夏区分局局长李亮同志拿着那双他在柜子里放了整整一年、还没舍得穿的新皮鞋，久久不语！基层辅警，人少事多，待遇微薄，但就算如此，王永良在面对困难群众时，还是一腔热忱，慷慨相助！

2016年6月份的一个早上，华西村十字路口处有一些群众围在一起，王永良见状上前，群众说有女骗子在骗人。经过了解得知，该女子家境清寒，独自从吴忠市的家中来到镇北堡镇打工，身上所带的钱物不多，因没赶上招工时间，只能向过路群众借钱坐车回家。王永良一听，二话没说，自掏腰包，拿出100元给了女子，让她坐车回去，并叮嘱她路上注意安全。他向群众说："她是不是骗子我不知道，但是我觉得我们应该积极地帮助有困难的人，而不是去质疑！"

2018年3月16日，镇北堡镇华西小学四年级小学生丁某某和四名小朋友在玩耍时，不慎造成手腕骨折，因医疗费用的赔偿问题，丁某某的父亲丁某齐与华西希望小学引发矛盾纠纷，相关部门多次调解，始终未能化解矛盾。6月8日上午，丁某齐与华西希望小学找到王永良，希望公平合理解决矛盾。刚刚交接完班的王永良眼睛泛红，他顾不得回家休息，立即与社区民警马不停蹄地赶往镇北堡政府调解室。在调解室，双方因医疗赔偿的事情绪激动，王永良一边安抚大家情绪，一边通过讲法理、说情理、通事理耐心地劝解疏导，最终，在长达两个小时的努力协调下，丁某齐和华西希望小学及四位家长达成协议，一次性支付给丁某齐各项费用2700元，矛盾纠纷成功化解。

王永良同志凭借着对公安事业的喜爱和一腔热忱，他选择用自己的负重前行照亮岁月静好，就算生活艰难，他还是一干就是18年！他说："当党和人民需要他的时候，就算再难，再危险，我会一往无前地冲上去！"

英雄无畏！王永良同志用视死如归的英雄气概，以不畏牺牲、挺身而出的实际行动，生动践行了新时代"人民公安为人民"的忠诚誓言；书写了一曲基层公安辅警"对党忠诚、服务人民"的时代赞歌！

中国警察网：

公安系统1人当选全国道德模范
11人获全国道德模范提名奖

【事迹选摘】王永良，男，汉族，1968年10月生，生前系宁夏回族自治区银川市公安局西夏区分局镇北堡镇派出所辅警。

从警十六载，王永良时刻把人民群众装在心中，多次奋不顾身救火救人、抗洪抢险，壮烈牺牲，被称为"逆水而行的英雄"。

2016年夏季的一天，王永良从镇上一名中巴车司机处得知，新小线赛马水泥厂路段有一名妇女用铁丝把自己和一个男孩绑在一起，十分危险。发案地段本属贺兰山西路派出所管辖，但两地距离较远，恐怕来不及救援。"人命关天，不能耽搁！"王永良立刻赶过去，及时挽救了两条生命。据事后了解，原来这名妇女患有精神疾病，情绪失控下试图用铁丝将两岁的儿子和自己勒死。王永良联系她的家人，将她与孩子安全接走。

2018年3月13日中午12时许，王永良利用休息时间走访群众，猛然间看到镇北堡村西侧一处农田浓烟滚滚。灾情就是命令！王永良一边拨打电话求援，一边向火灾现场跑去。看到火势迅猛，旁边的6亩槐树苗眼看就要被大火吞没，他顾不得脱下衣服，急忙投入救火。由于火借风势越来越大，在众人束手无策时，王永良运用当义务消防员时学到的技巧，强忍着热浪侵袭，组织人员迅速挖开一条防火沟带，并铲土扑灭正在燃烧的草丛，有效阻止了火势蔓延，为群众挽回了财产损失。王永良双手手背均被灼伤，头发被烤焦，却不下火线，直到彻底将火扑灭。

2018年7月22日，银川市贺兰山东麓中北段突降暴雨，引发百年一遇的洪水。20时左右，镇北堡派出所接到出警指令，在当地生活20多年的王永良提出，自己地形熟，主动请战。当教导员郑建卫与王永良开车行至镇苏路时，路面已完全被淹没，而前方东侧四五十米处停着一辆皮卡车。二人前去查看。此时，山洪流势急剧增大，将两人连同皮卡车一起冲走。郑建卫在冲出10公里后，被消防官兵救起，王永良却一直下落不明。经过4昼夜不停搜寻，26日下午，人们终于找到王永良的遗体。

王永良被追认为烈士，追授个人一等功，荣获改革开放40年政法系统新闻影响力人物称号，荣登"中国好人榜"。

银川新闻网:

王永良被追授"见义勇为"荣誉称号

2019年2月1日,自治区、银川市、西夏区三级党委政法委,在银川市公安局西夏区分局召开追授王永良同志"见义勇为"荣誉称号表彰会。会上,为王永良家属颁发了王永良银川市、西夏区见义勇为、改革开放40周年政法系统新闻影响力荣誉证书以及自治区、银川市党委政法委见义勇为基金会奖金,银川市、西夏区"见义勇为"奖金,共计94万元。

去年7月22日,西夏区镇北堡镇突降暴雨,最大洪水流量达到每秒1500立方米,引发百年一遇的洪水。西夏区公安分局镇北堡派出所接群众报警称一辆越野车在贺兰山滚钟口与苏峪口路段被洪水所困,请求援救。接到警情后,镇北堡派出所教导员郑建卫立即带领辅警王永良赶往现场。在搜救遇险群众过程中,王永良下落不明。经89小时全力搜寻,王永良同志遗体在贺兰县金山村北侧蓄水池内被打捞上岸。2018年8月14日,王永良同志被西夏区评为"见义勇为先进个人",同年11月2日,银川市政府追授王永良同志为"见义勇为模范"。

"王永良在人民群众生命财产遭受威胁时,不顾个人安危义无反顾地冲上去。这次表彰会也激励着我们以王永良同志为榜样,敢于担当、勇于奉献。"和王永良一起共事3年的镇北堡镇派出所所长张和平说道。

此次表彰会让西夏区公安分局政治处主任尤银健颇有感触，"银川市一直在大力弘扬见义勇为精神，到目前已经连续7年荣获全国见义勇为先进城市，并且涌现出包括王永良在内的一批见义勇为先进人物。王永良同志感人事迹对我们触动很大，他为我们树立了标杆，引领着我们更好地服务群众。这次表彰大会让我备受鼓舞，也深有启发，我们今后将继续深入群众，加大见义勇为精神的宣传，深入群众中开展见义勇为宣传，广泛凝聚维护稳定、共建平安、促进和谐的正能量。"

新华社：

致敬平凡的英雄

—— 追记宁夏"7•22"抗洪抢险牺牲辅警王永良

夕阳西下，贺兰山下的小镇镇北堡一片宁静安详，难再见到洪水肆虐的痕迹。而就在十多天前，一场历史罕见的暴雨导致山洪暴发，威胁着这里数千群众的生命财产安全。危急时刻，镇北堡镇派出所民警、乡镇干部紧急转移群众、营救被困游客。辅警王永良在救援过程中被洪水冲走，不幸遇难。连日来，跟随着同事、战友、老乡们悲痛的回忆，记者逐渐走近这位平凡的英雄。

"山里奔流着几条'黄河'！"

镇北堡位于银川市西夏区。每年夏天，是镇北堡的旅游旺季。然而，也正是夏天，贺兰山里捉摸不定的山洪不时威胁着当地百姓和游客。

"这里的山洪和别处的洪水不一样，山下一点雨没下，但山里面暴雨如注，顷刻之间山洪夹杂着巨大的山石奔涌而下，让人猝不及防。"镇北堡镇党委书记司应源说，每年夏天，镇上最主要的工作就是抗洪抢险。

7月22日，贺兰山沿线突降历史性特大暴雨。据水文监测数据，当天贺兰山最大降雨量达到破历史极值的277.6毫米，而这一区域年平均降水量只有180毫米。特大暴雨引发贺兰山沿线沟道全部发生洪水，洪水流量最大的沟道达每秒1500立方米。"黄河宁夏段的日常流量也不过如此，相当于当天晚上贺兰山里奔流着数条黄河。"宁夏防汛抗旱指挥部工作人员岳发鸥说。

在获得气象预报后，镇北堡镇全镇从22日下午起严阵以待，当晚转移群众2800余人。但由于洪水太大，贺兰山下镇苏路、滚苏路、110国道等主要道路被洪水冲断。20时起，被困群众的报警电话在银川市公安局110指挥中心不断响起。20时14分，镇北堡镇派出所接到了当晚第一条求救警情。早已整装待发的教导员郑建卫带着辅警王永良冒着暴雨赶往现场，在联系大型挖机转移了被困群众后，两人又赶赴下一个报警点。

"王永良，命令你立即归队！"

郑建卫和王永良在行驶了4公里后，更大的暴雨夹杂着冰雹突袭而至，路面已被山洪没过，水位瞬间涨至齐腰深。"雨刷器根本都不管用了，山洪卷裹着巨大的山石把警车冲得险些翻车。"郑建卫回忆说，洪水像火车一样轰隆隆发出巨大声响，浪不停地从车窗灌入警车。

就在此时，郑建卫和王永良发现前方四五十米处停着一辆亮着车灯的皮卡车。为了确定车内是否有被困人员，两人决定下车查看。蹚着山洪慢慢靠近皮卡车，两人的腿被洪水中的石块砸得生疼。郑建卫爬上车厢，发现里面没人。突然间，一股更加猛烈的山洪瞬息而至，将两人连同皮卡车一起冲走。"当晚22时，我打电话给他们，始终联系不上，心里就感觉不妙。"银川市公安局西夏分局副局长王新明说。

23日凌晨3时许，郑建卫在被洪水冲出10公里后，终于拼尽力气在一处浅滩停稳，并被消防官兵解救。而王永良却一直处于失联状态。

"王永良，群众已转移，命令你立即归队！"王永良失联的消息牵动着人们的心，诸多微博、微信公众号发起了寻找王永良的接力行动。

搜救现场，他的战友来了，武警战士来了，民间救援队伍来了，镇上的百姓也来了。他们或驾驶着直升机、冲锋舟，或拿着铁锹、耙子，不放过每一寸土地、每一片水域，地毯式地寻找着王永良。

26日15时40分，不幸的消息传来，王永良的遗体被搜救出水面。

28日上午，银川市殡仪馆鲜花寄哀思，挽歌奏英雄，近千名群众自发来到王永良追悼会现场，送英雄最后一程。

"辅警也是警，老百姓认你。"

在镇北堡镇提起王永良，几乎没有人不认识。王永良的家就在镇北堡。2002年，他成为镇北堡镇派出所的第一批辅警，这一干就是16年。

"老王就是镇上的活地图，不论哪个民警出警，找不到地方给他打电话，三言两语准能导航到位。"和王永良搭班了6年的民警蔡庆生说。

王永良总是这样，工作中发扬军人作风冲锋在先，吃苦耐劳，甘于奉献。"老王人和气、热心，走到哪总爱把罐罐茶带上，跟老百姓喝着茶、聊着天，化解矛盾等很多工作无形中就完成了。老百姓有个啥矛盾纠纷，甚至都不打110，直接给老王打电话。"镇北堡镇派出所所长张和平说。

今年3月，镇上一名四年级学生在学校和同学玩闹时把手腕摔骨折，家长因和学校达不成赔偿协议，一纸诉状将学校告到了法院。开庭前，双方都找到王永良来调节。老王每次调解时，总自费买一些水果给孩子。最终通过调解圆满解决了矛盾。

"镇上人见了老王总喊'老王警官'，他却纠正人家'别这么喊，我是一名辅警'。每次我听见了就告诉他："辅警也是警，老百姓认你！""

新浪网：

法者|英雄辅警王永良
坚守岗位16年　特大洪水中逆流而上

　　"下面晴晴的，怎么山上这么大雨？"7月22日晚20：40许，工作群里收到的几段山路间的降雨视频，让在岗值班的宁夏银川市公安局西夏分局副局长王新明有些紧张——最近正是贺兰山东麓暴雨洪水高发的时节。

　　发来视频的是西夏区镇北堡镇派出所指导员郑建卫，当时他正和辅警王永良在出警救援的路上。谁料不到一个小时，雨量骤增，泄洪沟道内山洪猛涨，来势汹汹，两人被挡在了一段过水路面之前。

　　晚21点50分，郑建卫在电话中告知王新明，他们在前方发现一辆皮卡车，准备下车查看是否有被困人员。

　　此时，王新明也已带人上山救援，他与郑建卫之间仅仅相距三四百米，但是一股冲过镇苏路的洪水将两人东西相隔。21点57分，王新明焦急地拨打郑建卫及王永良的手机，却再也无法接通。

　　"挖机也不敢过，浪比我还高，眼看着往来翻。"王新明本想让现场的一台挖机涉水靠近对面，但洪水太猛，只能绕路。40分钟后，挖机终于靠到对面，司机发现一辆警车开着门，但里面却没人。

"出大事了！"王新明急忙向上汇报——两名民警在洪水中失联！

历史性特大暴雨洪水，洪峰流量相当于一条黄河。

郑建卫再次现身，是在10公里外。被村民发现时，郑建卫已经昏迷，浑身泥水，多处擦伤。此时，已是7月23日凌晨3时许。

"救上来一看，穿的警服。"银川市消防支队搜救现场负责人汪科回忆。当晚接到当地村民报警后，汪科一行迅速赶赴现场救援。"那阵雨特别大，一分钟内衣服全部打湿，能见度也很低，救援前后就用了一个多小时。"汪科说。

当郑建卫终于被抬上担架时，他说的第一句话是："我还有个同事，王永良，你们找到没？"汪科记得，郑建卫把这句话重复了好几遍，还问他："你能不能赶紧把这个情况跟领导汇报下？"

郑建卫回忆，他回身看王永良最后一眼时，王永良已经走下警车。而当时，郑建卫正站在一辆皮卡车的车厢上，车身被洪水拱着，缓缓向前……

那晚早些时候，西夏区镇北堡镇派出所内，正轮到郑建卫、王永良当值。晚上20点多，接到110指挥中心派警，山上有被洪水围困的车辆急需救援，指导员郑建卫立刻带领辅警王永良出警。

上山路上，两人遇到了镇北堡镇德林村村党支部书记胡祥军，他正在组织村民撤离。胡祥军记得，他特意提醒王永良："前面已经上去了一辆铲车，你们要跟住，你们开着警车不方便。"

"我们说了没有5分钟话，他们就上山了。那时，水还没有下来。"胡祥军说。

"洪水下来就跟火车一样，轰隆轰隆就过来了。"镇北堡镇党委书记司应源介绍，"当晚20时，我们已经全部集结到位。根据我们近几年的抗洪救灾经验，在山洪暴发的第一时间就是要转移群众，当晚我们紧急疏散了群众3120人。"

据央广网报道，7月22日20时至23日6时，贺兰山中北段突降大暴雨，引发贺兰山东麓沿线多条沟道发生洪水过程，沿贺兰山共转移人口总计5200余人。另据《新消息报》报道，镇北堡镇党委副书记石平院介绍："（7月）24日下午4点左右，受灾的村子全部通水通电，此次洪水虽让昊苑村、德林村、华西村24间房屋受损，但并不影响居住，安置区内的受灾群众当日在安置点吃完晚饭后已全部陆续返回了。"

在当地，每年6到9月份的汛期，村镇的临时安置点都是常态化的。可今年，贺兰山东麓的居民面临着一场更大的险情。宁夏防汛抗旱指挥办公室工程师岳发鸥说："无论是从范围、强度还是量级，都是有观测记录以来，宁夏最大的一场暴雨洪水。"

他介绍，7月22日20时至23日6时，从贺兰山中北段西夏区、贺兰县、平罗县、大武口区普遍发生了暴雨甚至大暴雨，暴雨引发沿山几个县区的山洪沟道全部出现洪水过程。

"最大的洪水过程出现在大武口沟，达到了1500立方米每秒，其洪峰流量相当于黄河的流量。"岳发鸥说，"贺兰山的洪水跟别处都不一样。贺兰山这个地方山石裸露，植被稀少，坡度又非常陡，洪水来了以后流速非常快，而且其中还夹杂着大量的沙子、石子，甚至是大石块。人一旦掉进去，生还的可能性几乎是零。"

那晚，横在郑建卫和王永良面前的，就是这样一股洪流。搜救王永良的水域面积约为1200亩，搜救工作连续进行了89小时。

7月22日晚20:00，郑建卫和王永良出警后在途中得知，被困车辆已与119取得联系。随后，根据上级安排，两人掉头赶赴另一警情。

　　此前，两人已经开车通过了一处过水路面。"当时路上有沙子、石头，就叫挖机来清理了。水里开车不太一样，感觉不太好。"郑建卫回忆道。随后，他将现场的降雨视频发到了西夏区的工作群中。

　　等到了第二个过水路面跟前，车开不动了——有块大石头横在路中央，水也冲不走。郑建卫记得，自己穿了雨鞋雨衣下车去踩了踩，当时水还不到膝盖，但泥沙很松，人站不稳。

　　"掉头后一两分钟，雨势明显大了，打得玻璃都是雾气，旁边的来车也只能看见个影子。"郑建卫记得，他们在镇苏路上由西往东开了5分钟，就到了去年前年发洪水的位置。

　　就在镇苏路的另一头，银川市公安局西夏分局局长李亮和副局长王新明正在带人赶来。"王局说就在我前方三四百米。"郑建卫记得，当时他正和王新明通着电话，外面电闪雷鸣，大风扯着树头，王永良突然叫了一声："下冰雹了！"

　　其时，直径大约2厘米的冰雹夹杂着暴雨倾盆而至。突然一道闪电划过，郑建卫借着亮光发现前方约50米处停着一辆皮卡车，"车的位置比我们低，前后灯都亮着。"此时，坐在副驾驶的王永良大喊："水冲过来了！"郑建卫扭头看到右面来的一股洪水直冲到玻璃上，溅起1米多高。

　　"我先下，有啥情况咱们及时接应。"郑建卫和王永良商量后，决定去检查下皮卡车内是否有受困人员。王永良迅速从后座捞起两个救生圈，两人套上，郑建卫率先下车。

　　"下车一踩，特别难走，水流很急，能冲到大腿根。只能一步一步拉过去。"郑建卫说，当他挪到皮卡车右后轮时，人开始站不稳，他便爬上了皮卡车车厢。

　　"刚上去两三秒，皮卡车突然缓缓地移动，我还以为有人开车，从后窗一看，没人，才知道是洪水。"郑建卫连忙站起身子，回头向王永良招手示意。此时，皮卡车突然向左一转，"一个浪打翻，我就再没站起来。"

连人带车被洪水打翻之前，郑建卫看见王永良也下了车，刚走出不远，就连人带车一起被卷入了洪水中。

由于过水路面洪水迅猛，银川市公安局西夏区分局局长李亮和副局长王新明未能靠近事发地。只能指挥现场一台挖机靠近，绕路走了40分钟后，挖机终于靠近事发地——司机发现了一台警车，但车上却没人。

"当时不知道洪水能冲到啥地方，只能让人沿着沟道找。"李亮说。当天凌晨3点多，找到郑建卫的消息突然传来，"说是洪水，其实就是泥石流，冲出去七八里还能活着找到，真是奇迹！不可思议！"

后半夜，寻找王永良的搜救工作也主要围绕着郑建卫的获救地点展开，可直到天亮仍一无所获。

那天早上，也有一个利好消息传来——洪水下游汇成的一片"湖"上，找到了两个救生圈。此后，搜救工作的一大重头就锁定在这片水域中。

"早上6点多，我第一次到那个地方。这哪有水？全都是泥糊糊！"一早，李亮带着160余名民警集结到此，这一片泥潭让所有人犯了难。这里原是一个废弃的采沙坑，其中还有三分之一是淹没的玉米地。一排树泡在其中，只露着树冠。

据当地国土部门介绍，这片"泥潭"的面积约有1200亩，水量100多万立方米，最深七八米，浅滩也有几十厘米。

从7月23日开始，搜救人员在这片泥潭中搜寻了近4天，指挥部就设在坑南岸，日夜不休。

直到26日下午3点40分，王永良的遗体被搜救出水面。

当日，国务委员、公安部党委书记、部长赵克志就学习弘扬王永良同志事迹提出要求。他指出，王永良同志为了维护人民群众生命财产安全不幸壮烈牺牲，事迹英勇感人。要切实做好家属抚恤慰问等工作，精心开展好王永良同志事迹宣传报道，进一步激励广大公安民警、辅警不忘初心、牢记使命，全力做好当前各项工作，切实维护人民群众生命财产安全和社会稳定。

镇北堡镇派出所所长张和平直到现在还觉得恍惚。派出所里，王永良的一切都没变过。大厅里，人员去向牌上，王永良仍是"在岗"。宿舍里，王永良的床头柜上还平整地摆放着一个警用雨衣带。

王永良曾在武警某总队服役，先后任战士、副班长、班长。因为他群众工作基础扎实，又能吃苦，加之脱下军装，却舍不下的"制服情结"，王永良成了银川市公安局西夏区分局镇北堡派出所的一名辅警，一干就是16年。

"农村派出所真离不开这么个人。"张和平说。

王永良是一名辅警，也是镇北堡镇德林村的一位村民。十几年来，所里无论是来了新兵还是领导，往往都是在"老王"的协助下进入角色。

"老王"对这片土地太熟悉了，所里人都叫他"活地图"。事实上，镇北堡镇派出所是银川市西夏区9个派出所中最偏远的一个，辖区面积又大，有时当事人自己都说不清地方。可不管俗名土名，地图上有没有，王永良都能带着人找到。

派出所也是一个大家庭，而王永良就像是这个家里的"大管家"，平时哪里坏了，只要喊一声"永良"，问题总是能很快解决——王永良宿舍床头柜的第一个抽屉里，装满了各种工具。

"小王叔特别操心。"28岁的辅警王伟说。两年前刚来到所里,领导就让他跟着"小王叔"。"怎么收资料,重点是哪,小王叔总是很耐心地讲,教了我好多好多。"

在王伟看来,王永良根本不像是50岁的人,他跟所里的年轻人都很要好,大家时常一起打篮球。王伟觉得王永良总是很"温柔",从不会板起面孔批评人,"他说话就像父亲对孩子,不轻不重,正好说到你心里。"

7月31日下午,宁夏回族自治区副主席、公安厅厅长许尔锋来到王永良家中看望慰问其家属,并送上慰问金。

7月22日出事那晚,郑建卫和王永良出警后,所里留守的正是王伟。镇北堡镇派出所平时三人一班,他们三人搭班已有一年半。

在王伟看来,郑导和小王叔是"绝配"。"他俩都特别爱干净,每天早上最早来打扫卫生,交班的时候,6点钟就把办公区擦得一尘不染。"王伟说。

25日下午,王伟偷偷去医院看被救回来的郑建卫。一进病房,看到郑建卫在床上蜷缩着双腿、身上多处擦伤,王伟的眼泪就忍不住了。"本来是我去看他,最后成了他劝我。"

经诊断,郑建卫被确诊为右腿膝关节两侧的韧带断裂,正在等待手术。

26日下午3点40分,王永良的遗体被找到。王伟没有把这个消息告诉郑建卫,他也再没去过医院,"我不敢去"。

可郑建卫终究还是知道了。28日,在王永良的追悼会上,郑建卫的妻子代表他前来送战友。一进门,她就在王永良妻子面前泣不成声。

一件退伍时的旧军装,王永良也穿了十几年。

"王永良是当过兵的,他喜欢这工作,不管钱多少,他要干下去。"王永良的妻子深知丈夫对警察岗位执着，16年来很多同期的辅警都离开岗位，可王永良一直坚守到今日。

16年来，他是村民们人人相熟的"老王警官"。谁家有了大事小情，总是第一个给王永良打电话。农村警情多是邻里纠纷、家庭矛盾等琐事，可是王永良从不等闲视之，总是耐心听，尽心劝。带上一个熬茶缸、几个白馒头，王永良骑着他的电动车，穿梭在田间地头、房前屋后。

"出了事之后，德林村家家出人，两三百人拿着铁锹、铁钎，沿着沟道连着找了3天。"胡祥军说。

事实上，在这一场持续了89个小时的搜救中，全市共出动救援力量2300余人次，车辆240多台次，冲锋舟、救生艇、皮划艇18艘。

"千千万万的人去找我的王永良，我心里的感谢说不出。"王永良的妻子提起来就泪流满面，"我们俩一辈子没有分开过。我知道，他是个好人，也是个英雄。"

"父亲走了，我要把母亲照顾好。"出事之后，王永良的大儿子王平安显得愈发坚强。如今，他是西夏区的一名禁毒专干，从事禁毒宣传、康复人员帮教等工作已有3年。

"辅警也是警"，王平安说，"我要把父亲这份职业，一直干下去。"

中国警察网：

今天，请深深鞠躬，送别英雄王永良

7月26日15时40分，历经80多个小时的多方搜救，宁夏回族自治区银川市公安局西夏区分局辅警王永良的遗体在贺兰县金山村北侧蓄水池内被发现并打捞上岸。

噩耗传来，共同参加救援、被洪水冲出10余公里生还的西夏区分局镇北堡派出所教导员郑建卫再也抑制不住内心的悲恸，失声痛哭："是我把王哥带出去的，却没能把他带回来，我宁愿我走，他活着……"

一、洪水中的逆行者

7月22日20时，暴雨如注。

"呼叫镇北堡派出所！在贺兰山滚钟口与苏峪口路段有辆越野车被山洪所困，请立即救援。"

接到指令，早已整装待发的镇北堡派出所教导员郑建卫和辅警王永良跳上警车，冲进雨雾。

警车行驶至距离贺兰山滚苏路和镇苏路交叉路口不到一公里时，洪水增量，水流湍急，且夹杂大量泥沙。郑建卫将警车停在路边，下车步行踩试地面，发现地势低洼，不宜通车。他立即上车向指挥中心和带班领导报告，同时跟镇政府指派的大型挖机救援部队联系。王永良一遍又一遍地拨打报警群众电话，提示他们到地势较高的地方应急躲避。

郑建卫用手机录了一小段视频发到分局工作群中。看到视频，分管副局长王新明立刻拨通了郑建卫的电话。

"王局，这边情况不好……"

电话突然中断，王新明意识到事态严重。

突然，一道闪电将漫天暴雨劈碎，惊雷炸破天际，直径约两厘米的冰雹夹杂在暴雨中噼里啪啦地砸在车身上。洪水不断上涨，道路被完全淹没，洪水夹杂着大量泥沙石块不断敲打着车身，车子开始剧烈晃动，随时都可能被掀翻。

而此时，郑建卫和王永良注意到前方四五十米处停着一辆皮卡车，车灯还亮着，但无法确定车内是否有被困人员。

前方不远处就是无路桩段，再向前就是洪水肆虐的山沟！眼看皮卡车缓慢前移……万一有人被困，后果不堪设想！

没有丝毫犹豫，郑建卫和王永良果断决定，上前营救。

"老王，快把救生衣穿上，你接应我！"

"好！"

郑建卫没想到，这竟是王永良的最后一句话。

几经周折，郑建卫终于靠近皮卡车，此时洪水已齐腰。在确定车内无被困人员后，郑建卫挥手向王永良示意。就在他挥手的那一刻，一股凶猛的洪流将皮卡车打翻，郑建卫与不远处的王永良一同被卷入洪水中。

泥石流裹挟着郑建卫顺势而下，大量泥沙和石头不断冲击着他的身体，郑建卫被湍急的洪流卷袭翻滚了两个多小时后，筋疲力尽的郑建卫隐约看到不远处有个大土丘。他挣扎着爬上土丘，已是奄奄一息。

三个小时后，郑建卫被发现，并转移至医院救治。

郑建卫事后回忆，在洪流中挣扎时，精疲力竭的他几度想要放弃，但想到指挥中心最后指令的几起警情，被困的6辆车和20多人，还有消失在视线中的王永良，他用尽最后一丝力气把头甩出水面……

郑建卫被救了，而王永良却一直没有找到……

次日清晨，武警、消防、特警、各分县局警力以及社会救援力量赶到现场参与搜救。

而在网上，全国200多万民警都在关心着王永良的安危，为王永良祈福。"王永良，被困群众已全部安全转移，现在命令你，速速归队！""王永良，任务完成，请速速归队！"

一声声呼唤，一声声期盼，感动了千万网友。

经过四天四夜的全力搜救，奇迹并没有出现。

7月26日15时40分，王永良的遗体被发现。

"发现王永良时，他的一身警服很整齐。"参与搜救的武警银川支队战士告诉记者。

因为担心王永良遗体被损坏，战士们小心翼翼地将他拉出水面，缓缓送到岸边。离别前，战士们对着王永良的遗体行了一个肃穆的军礼。

二、子承父业，做和父亲一样正直善良有勇有为的辅警

王永良的生平里有三段经历：军人、农民、辅警。服役5年，他勤奋务实、坚毅勇敢，先后荣获4次嘉奖。复员后，他在银川市公安局原郊区分局芦花乡派出所当了3年治安联防员。因为群众基础扎实，又能吃苦，王永良便成了银川市公安局西夏区分局镇北堡派出所的一名辅警，这一干就是16年。

在镇北堡镇辖区，只要王永良出马，多棘手的警情，都会大事化小，小事化了，乡里乡亲都热情地叫他"老王警官"。

今年5月，有线索称，有人组织社会闲散人员在镇北堡聚众赌博，作为对辖区地形、方位了如指掌的"老兵"，王永良很快就摸准了赌博窝点，查明了来往人数，最终包抄围堵，并当场抓获用骰子以"摇碗子"押单双的方式进行赌博的嫌疑人46名。整个抓捕过程，他机敏果敢，毫无畏惧，大大鼓舞了全体队员的士气。

"一位朴实的辅警，让人尊敬的大叔，让人提起来就想掉泪的好战友、好同事！"这是同事对王永良的评价。

王永良有两个儿子，长子王平安是西夏区一名禁毒专干，也是一名辅警。

"父亲是我最尊敬的人，他为人敦厚，正直善良。从小受他的影响，耳濡目染，我也成了一名辅警，希望能像他一样为老百姓服务。"

2015年6月，王平安被西夏区禁毒委选聘为禁毒专干，从事禁毒宣传、康复人员帮教等工作。他心怀感念，秉承教诲，2018年6月，王平安被西夏区禁毒委申报推荐为自治区十佳禁毒工作者。

"从父亲出事到现在，组织动用了众多的人力物力搜救，我们全家很感恩。我为有这样一位父亲骄傲。"王平安说。

三、贺兰山万人洒泪送英雄，愿天堂没有暴雨

7月28日上午，王永良的追悼会在银川市殡仪馆举行。

公安部为此发来唁电，指出："王永良同志用自己宝贵的生命维护

了人民幸福和社会安宁，践行了'人民公安为人民'的庄严承诺，是公安警务辅助人员的杰出代表！"

宁夏回族自治区公安厅、各地市公安局的800余名民警参加王永良追悼会。自发相约而至的社会各界人士和西夏区镇北堡镇的村民们源源不断地赶来，排起一条长长的队伍，他们都想送英雄最后一程。

在银川做生意的青岛人徐功青，通过网络得知王永良的事迹，一大早赶来，满怀敬意想送送这位"老王警官"。他觉得，警察义无反顾为人民献出生命的精神十分令人敬佩。

和王永良是旧识的张菊梅，一个人拉扯两个儿子，2016年因为太过操劳晕倒在工厂，报警后是王永良出警把她送去医院抢救，这两年，没见过王永良，但张菊梅始终记着他的好，"再看他一眼，希望天堂不再有洪水。"

"让我进去，让我再看他一眼。"追悼会现场，一个挂着双拐的男子，挤进人群立在王永良灵柩前，掩面而泣。他是镇北堡的书记司应源，和老王打了几十年交道，从来没红过脸，他说想和老王再说说话，往后再没机会了。

因为身体原因，郑建卫不能参加追悼会，他的妻子靳莉特意赶来。未进门，靳莉的泪已扑簌簌打湿了衣襟。她跪在王永良的遗像前久久拉不起来，要好好送送这位与丈夫患难与共的兄弟。

"认识18年，没想到这样一个好人，就这样走了。"华西村村民张荣江不泣不成声，他和王永良是甘肃静宁老乡，2000年到华西村后，就认识王永良，在这生活的18年里，王永良非常照顾他们一家，在王永良出事的前一天，两家还在一起吃饭，一转眼，人就这样走了，太可惜了。

　　悼词中这样写道："王永良走后，战友们深切缅怀王永良生前的点点滴滴，寻找关于忠诚、使命、奉献、责任、担当的答案。王永良同志走了，站立的地方依然温暖有力。"

王永良同志走了，站立的地方依然温暖有力……